O SERMÃO do MONTE

O SERMÃO do MONTE

*O caráter de Deus e a
conduta do cristão*

Oswald Chambers

Originally published in English under the title
Studies in the Sermon on the Mount: God's Character and the Believer's Conduct
Copyright © 1960 by Oswald Chambers Publications Association Limited
This updated language edition © 2016 by Oswald Chambers
Publications Association Limited
Discovery House Publishers P.O. Box 3566,
Grand Rapids, MI 49501, USA.
All rights reserved

Coordenação editorial: Adolfo A. Hickmann
Tradução: Cláudio F. Chagas
Revisão: Dalila de Assis, Lozane Winter, Marília Pessanha Lara
Coordenação gráfica e capa: Audrey Novac Ribeiro
Diagramação: Audrey Novac Ribeiro

Dados Internacionais de Catalogação na Publicação (CIP)

CHAMBERS, Oswald (1874–1917)
O Sermão do Monte — O caráter de Deus e a conduta do cristão
Tradução: Cláudio F. Chagas – Curitiba/PR, Publicações Pão Diário
Título original: *Studies in the Sermon on the Mount: God's Character and the Believer's Conduct*

| 1. Vida cristã | 2. Discipulado | 3. Estudo bíblico | 4. Sabedoria |

Proibida a reprodução total ou parcial sem prévia autorização, por escrito, da editora.
Todos os direitos reservados e protegidos pela Lei 9.610, de 19/02/1998.
Permissão para reprodução: permissao@paodiario.com

Exceto se indicado o contrário, as citações bíblicas são extraídas da edição Nova Almeida Atualizada de João Ferreira de Almeida © 2017, Sociedade Bíblica do Brasil.

Publicações Pão Diário
Caixa Postal 4190,
82501-970 Curitiba/PR, Brasil
publicacoes@paodiario.org
www.publicacoespaodiario.com.br
Telefone: (41) 3257-4028

GW040 • ISBN: 978-65-5350-124-9

1.ª edição: 2023

Impresso na China

SUMÁRIO

Prefácio do editor 7

1. Seu ensino e nosso treinamento
   (MATEUS 5:1-20) 9

2. Factual e real
   (MATEUS 5:21-42) 25

3. Sabedoria encarnada e razão individual
   (MATEUS 5:43–6:34) 53

4. Caráter e conduta
   (MATEUS 7:1-12) 85

5. Ideias, ideais e realidade factual
   (MATEUS 7:13-29) 105

Prefácio do editor

ESTES ESTUDOS BÍBLICOS sobre Mateus 5 a 7 foram apresentados por Oswald Chambers na convenção anual de verão da *League of Prayer* (Liga de oração), em Perth, Escócia, em julho de 1911. Foram publicados primeiramente como artigos, em 1912, e depois como livro, em 1915, pela *God's Bible School* (Escola bíblica de Deus) de Cincinnati, Ohio, EUA. Favoritos dentre todas as suas obras, eles são úteis para ampliar o nosso entendimento dos ensinos de Jesus acerca do verdadeiro significado de Sua vida em nós, em termos da aplicação deles na experiência do cristão.

Para Chambers, a vida cristã é comprovada quando o Espírito que habita em nós aplica os princípios de Cristo às circunstâncias específicas em que o cristão se encontra. Isso é doutrina em roupas de trabalho, verdade tornada realidade, redenção expressada. E, em consistência com todos os seus escritos, nestes estudos o autor nos lembra de que o nosso foco precisa estar unicamente em Deus, e não nas pessoas entre as quais vivemos.

Temos o prazer de lançar esta edição de *O Sermão do Monte* em linguagem atualizada como parte da Biblioteca Oswald Chambers*. Esperamos que este livro contribua para a paixão do leitor por conhecer e amar a Jesus Cristo, a Palavra viva, e aumente sua apreciação pelo ensino da Palavra de Deus escrita e pela aplicação de sua verdade em todo o aspecto de sua vida.

—1985

---

*O texto original completo de *O Sermão do Monte* está disponível na obra *The Complete Works of Oswald Chambers* (As obras completas da Oswald Chambers), publicada pela Discovery House Publishers, EUA, 2013.

Capítulo 1

SEU ENSINO E NOSSO TREINAMENTO
Mateus 5:1-20

Para entender o Sermão do Monte, é necessário ter a mente de seu pregador, o próprio Jesus — e esse conhecimento pode ser adquirido por qualquer um que receba o Espírito Santo (VEJA LUCAS 11:13; JOÃO 20:22; ATOS 19:2-6). Somente o Espírito é capaz de explicar os ensinamentos de Jesus Cristo.

Há um método permanente de interpretação dos ensinamentos de Jesus: o Espírito de Jesus no coração do cristão, aplicando os Seus princípios às circunstâncias específicas em que o cristão se encontra. O apóstolo Paulo diz: "…deixem que Deus os transforme pela renovação da mente, para que possam experimentar [isto é, compreender] qual é a boa, agradável e perfeita vontade de Deus" (ROMANOS 12:2).

Tome cuidado para não colocar o papel de nosso Senhor como mestre à frente de Seu propósito como salvador. Essa tendência prevalece na atualidade e é perigosa. Nós precisamos conhecer Jesus primeiramente como salvador antes que Seu ensino possa ter algum significado para nós — ou, poderíamos dizer, antes que possa ter qualquer significado que não o de um ideal que leva ao desespero. Imagine chegar a homens e mulheres de vida incorreta e coração contaminado e lhes dizer para serem puros de coração! Do que adianta nos dar um ideal que não conseguiremos alcançar? Somos mais felizes sem ele.

Se Jesus é apenas um mestre, tudo que Ele pode fazer é nos atormentar estabelecendo um padrão do qual não conseguimos nos aproximar. Porém, se — ao nascermos de novo do alto — nós o conhecermos primeiramente como salvador, saberemos que Ele não veio apenas para nos ensinar: *Ele veio para nos tornar o que Ele ensina que devemos ser.* O Sermão do Monte é uma declaração da vida que viveremos quando o Espírito Santo estiver operando em nós.

O Sermão do Monte produz desespero no coração de uma pessoa não salva, e isso é exatamente o que Jesus quer que tal sermão faça — porque, assim que chegamos ao ponto de desespero, estamos dispostos a ir a Ele como indigentes para receber dele. "Bem-aventurados os pobres em espírito..." (MATEUS 5:3), esse é o primeiro princípio do Reino. Enquanto tivermos uma ideia presunçosa e hipócrita de que podemos fazer essas coisas sem Deus nos ajudar, Deus nos permitirá seguir em frente até quebrarmos o pescoço de nossa ignorância ao cair em algum obstáculo. Então, estaremos dispostos a ir e receber dele.

A base do reino de Jesus Cristo é a pobreza, não a posse. Não é "decisões por Jesus Cristo", e sim uma percepção de absoluta incapacidade: "Não posso começar a fazer isso". Então, diz Jesus, você é bem-aventurado. Nós levamos muito tempo para crer que somos pobres, mas essa é a porta de entrada. O conhecimento de nossa própria pobreza nos leva à fronteira moral em que Jesus Cristo opera.

Toda mente tem dois compartimentos: o consciente e o subconsciente. Dizemos que muitas das coisas que ouvimos e lemos escapam da memória; na verdade, isso não ocorre: elas simplesmente passam para a mente subconsciente. É obra do Espírito Santo trazer de volta à nossa mente consciente as coisas que estão armazenadas no subconsciente. Ao estudar a Bíblia, nunca pense que, se você não a entende, ela não serve para nada. Certa verdade pode não ser útil para você agora, mas, quando surgirem circunstâncias em que essa verdade seja necessária, o Espírito Santo a trará à sua lembrança.

Isso explica o surpreendente surgimento das palavras de Jesus em nossa mente. Dizemos: "De onde veio isso?", mas Jesus disse que o Espírito Santo "fará com que se lembrem de tudo o que [Ele] lhes disse" (JOÃO 14:26). A verdadeira questão é: eu obedecerei a Ele quando Ele trouxer isso à minha memória? Se eu discutir a questão com outra pessoa, a probabilidade é que eu não obedeça. O apóstolo Paulo disse: "...não fui imediatamente consultar outras pessoas" (GÁLATAS 1:16). Sempre confie na originalidade do Espírito Santo quando Ele trouxer uma palavra à sua lembrança.

Lembre-se sempre do aspecto duplo da mente — nada há de sobrenatural ou misterioso nele; isto é simplesmente

Seu ensino e nosso treinamento

o conhecimento de como Deus nos fez. Julgar-se apenas pelo que você entende conscientemente em determinado momento seria tolice. Pode haver muitas coisas cujo significado você não entende, porém, à medida que você continuar armazenando verdades bíblicas em sua mente, o Espírito Santo trará de volta à sua mente consciente a palavra de que você necessita e a aplicará às suas circunstâncias específicas. Três coisas sempre operam juntas: a inteligência moral, a originalidade espontânea do Espírito Santo e o tempo e lugar de uma vida vivida em comunhão com Deus.

Desproporção divina (MATEUS 5:1-12)

O nosso Senhor começou Seu discurso dizendo "Bem-aventurados os...", e Seus ouvintes devem ter ficado surpresos com o que Ele disse a seguir. Segundo Jesus Cristo, eles seriam abençoados em todas as circunstâncias que haviam sido ensinados — desde a mais tenra infância — a considerar maldição. O nosso Senhor estava falando aos judeus, que criam que o sinal da bênção de Deus era a prosperidade material de todas as maneiras. Contudo, Jesus disse que as pessoas são abençoadas exatamente pelo contrário: "Bem-aventurados os pobres em espírito [...] Bem-aventurados os que choram" e assim por diante.

As "minas" de Deus • Mateus 5:1-10; comparar com Lucas 6:20-26

Na primeira vez quando lemos as bem-aventuranças, elas parecem ser declarações simples e belas, nada surpreendentes;

elas passam despercebidas para a mente subconsciente. Estamos tão acostumados às palavras de Jesus que elas passam por nós; elas soam doces, piedosas e maravilhosamente simples, mas, na realidade, são semelhantes a torpedos espirituais que explodem na mente subconsciente. Quando o Espírito Santo as traz de volta à nossa mente consciente, percebemos quão surpreendentes declarações elas são.

Por exemplo, as bem-aventuranças parecem ser meramente princípios suaves e belos para pessoas de outro mundo, de pouquíssima utilidade para o mundo cruel em que vivemos. Porém, logo descobrimos que elas contêm a dinamite do Espírito Santo. Elas explodem como "minas espirituais" quando nossas circunstâncias assim o exigem. Elas rasgam, destroçam e revolucionam todas as nossas ideias de vida.

Quando a luz dessas verdades é trazida à mente consciente, o teste do discipulado é a obediência. Nós não caçamos na Bíblia algum preceito para obedecer; o ensino de Jesus nunca nos leva a esnobismo moral e arrogância. Em vez disso, devemos viver tão ligados a Deus que o Espírito Santo possa invocar continuamente alguma palavra dele e aplicá-la às nossas circunstâncias. Nós não somos testados enquanto o Espírito Santo não traz de volta a palavra.

Nós não somos chamados a aplicar as bem-aventuranças literalmente, e sim a permitir que a vida de Deus nos invada (pela regeneração) e, em seguida, a embeber a nossa mente do ensino de Jesus Cristo. Esse ensino fluirá para a mente subconsciente e, em algum momento, surgirão circunstâncias nas quais uma das declarações de Jesus Cristo emergirá. Instantaneamente, teremos de decidir se aceitaremos a tremenda revolução espiritual que será produzida se obedecermos a esse Seu preceito.

Se obedecermos, nossa vida real se tornará diferente; descobriremos que temos o poder de obedecer se assim desejarmos. É dessa maneira que o Espírito Santo opera no coração de um discípulo (e lembre-se de que o ensino de nosso Senhor se aplica somente a quem é Seu discípulo.) Para começar, o ensino de Jesus Cristo vem com surpreendente desconforto, por ser totalmente desproporcional à nossa maneira natural de ver as coisas. No entanto, Jesus introduz um novo senso de proporção e, lentamente, formamos o nosso modo de vida em alinhamento com os Seus preceitos.

A motivação da piedade • *Mateus 5:11-12*

A motivação subjacente aos preceitos do Sermão do Monte é o amor a Deus. Leia as bem-aventuranças com a mente concentrada em Deus, e perceberá o lado negligenciado delas. O significado delas em relação às pessoas é tão óbvio que nem precisa ser declarado, mas o aspecto em relação a Deus não é tão óbvio.

"Bem-aventurados os pobres em espírito" para com Deus. Eu sou um indigente para com Deus? Sei que não consigo prevalecer em oração, não sou capaz de apagar os pecados do passado, que não tenho como alterar o meu caráter, que não consigo me aproximar de Deus? Então, estou no único lugar onde sou capaz de receber o Espírito Santo. As pessoas não são capazes de receber o Espírito Santo enquanto não se convencem de sua própria pobreza espiritual.

"Bem-aventurados os mansos" para com os mandamentos e promessas de Deus.

"Bem-aventurados os misericordiosos" para com a reputação de Deus. Quando estou em apuros, sinto pena de mim mesmo? Então, calunio a Deus, porque o pensamento reflexivo na mente das pessoas é: "Como Deus é severo com aquela pessoa!". É fácil caluniar o caráter de Deus porque Ele nunca tenta justificar-se.

"Bem-aventurados os limpos de coração" — isso é, obviamente, direcionado a Deus.

"Bem-aventurados os pacificadores" — fazer a paz entre Deus e o homem, a nota que foi tocada no nascimento de Jesus.

É possível viver as bem-aventuranças? Nunca, a menos que Deus possa fazer o que Jesus Cristo diz que Ele pode; a menos que Ele possa nos dar o Espírito Santo, que nos refará e nos levará a um novo reino. O elemento essencial da vida do santo é a simplicidade, e Jesus Cristo torna gloriosamente simples a motivação da piedade, isto é, cuidadosamente despreocupar-se com tudo, com exceção de seu relacionamento com Ele.

A motivação de um discípulo é ser agradável a Deus. A verdadeira felicidade do santo se encontra, propositalmente, em colocar e manter Deus em primeiro lugar. Eis aqui a grande diferença entre os princípios de Jesus Cristo e todos os outros ensinamentos morais: Jesus baseia tudo na realização *de Deus*, enquanto os outros se concentram na realização *de si mesmos*.

Há uma diferença entre devoção a princípios e devoção a uma pessoa. Jesus Cristo nunca proclamou uma causa, e sim devoção pessoal a Ele mesmo: "por minha causa" (v.11). O discipulado não se baseia em devoção a ideais abstratos, mas em devoção ao Senhor Jesus Cristo, de modo que toda a vida cristã seja marcada por originalidade.

Sempre que o Espírito Santo vir uma chance de glorificar a Jesus Cristo, tomará toda a sua personalidade e a fará resplandecer e brilhar com uma apaixonada devoção ao Senhor Jesus. Você não é mais o devoto de uma causa ou de um princípio; é o compromissado e amoroso escravo do Senhor Jesus. Nenhuma pessoa da Terra tem esse amor se o Espírito Santo não o houver transmitido. As pessoas podem admirar Jesus, respeitá-lo e reverenciá-lo, mas não somos capazes de *amar* a Deus enquanto o Espírito Santo não houver "derramado" esse amor no nosso coração (ROMANOS 5:5). O único verdadeiro amante do Senhor Jesus Cristo é o Espírito Santo.

> *—Bem-aventurados são vocês quando, por minha causa, os insultarem e os perseguirem, e, mentindo, disserem todo mal contra vocês.* MATEUS 5:11

Jesus Cristo diz que a bem-aventurança — elevada bondade e rara felicidade — vem do sofrimento "por minha causa". Não é sofrer por causa da consciência, por causa de convicção ou por causa dos problemas comuns da vida, e sim algo além de tudo isso: "por minha causa".

"Bem-aventurados são vocês quando as pessoas os odiarem, expulsarem da sua companhia, insultarem e rejeitarem o nome de vocês como indigno, por causa do Filho do Homem" (LUCAS 6:22). Jesus não disse: "Alegrem-se quando os homens separarem vocês da companhia deles por causa das suas próprias noções excêntricas", e sim quando criticarem vocês "por minha causa". Quando você começar a se comportar entre os outros como um santo, ficará absolutamente sozinho; será injuriado e perseguido. Ninguém consegue suportar isso, a menos que esteja apaixonado por Jesus Cristo. Você não consegue suportar esse tratamento por convicção ou credo, mas consegue fazê-lo por um Ser a quem você ama.

Devoção a uma Pessoa é a única coisa que conta — devoção até à morte a uma *Pessoa*, não a um credo ou a uma doutrina.

Desvantagem divina (MATEUS 5:13)

No mundo atual, a desvantagem dos santos é que sua confissão de Jesus Cristo não deve ser secreta, e sim notoriamente pública. Pelo ponto de vista da autorrealização, certamente nos seria vantajoso ficar calados. E, hoje em dia, há uma crescente tendência de dizer: "Seja cristão, viva uma vida santa; apenas não fale sobre isso".

O nosso Senhor usa como ilustrações algumas das coisas mais conspícuas conhecidas pela humanidade: sal, luz e uma cidade situada sobre uma colina. Essencialmente, Ele diz: "Seja *assim* em sua casa, seu negócio, sua igreja. Seja um cristão conspícuo, pronto para ser ridicularizado ou respeitado, dependendo das pessoas com quem você estiver".

Mais adiante, em Mateus 10:26-28, o nosso Senhor ensinou novamente a necessidade de sermos ousados proclamadores da verdade. Não devemos encobri-la por medo de pessoas lupinas.

Serviço concentrado • *Mateus 5:13*

Não um serviço *consagrado*, mas *concentrado*. A consagração (nossa dedicação) logo se tornaria santificação (santidade) se nos concentrássemos apenas no que Deus deseja. Concentração significa fixar a totalidade da mente até ela se estabelecer sobre os desejos de Deus. A interpretação literal do Sermão do Monte é brincadeira de criança; sua interpretação pelo Espírito Santo é o trabalho árduo de um santo e requer concentração espiritual.

"Vocês são o sal da terra." Atualmente, alguns mestres parecem pensar que o nosso Senhor disse: "Vocês são o *açúcar* da terra", querendo dizer que o ideal do cristão é bondade e encanto sem qualquer desconforto curativo. Porém, a ilustração de um cristão por parte do nosso Senhor é o *sal*, uma das substâncias mais concentradas que conhecemos, algo que preserva a salubridade e impede o apodrecimento.

Ser sal é uma desvantagem. Pense na ação do sal sobre uma ferida e você perceberá isso. Se você coloca sal em uma ferida, dói, e, quando os filhos de Deus estão entre pessoas "em carne viva" em relação a Deus, sua presença causa desconforto. A pessoa que não anda nos caminhos de Deus é como uma ferida aberta e, quando o "sal" entra nela, causa incômodo e angústia; ela se torna rancorosa e amarga. Atualmente, os discípulos de Jesus preservam a sociedade contra a corrupção; o "sal" de sua presença causa irritação, o que leva a serem perseguidos.

Como devemos manter o saudável sabor salgado da santidade? Mantendo correto o nosso relacionamento com Deus por meio de Jesus Cristo. Na presente era, Jesus diz: "O reino de Deus não vem com visível aparência [...] Porque o

Reino de Deus está entre vocês" (LUCAS 17:20-21). Os cristãos são chamados a expressar o ensino de Jesus em uma cultura que não quer reconhecê-lo, e isso significa resistência e, muito frequentemente, perseguição. Esse é o dia da humilhação dos santos. A próxima dispensação será a glorificação dos santos, quando o reino de Deus estará tanto fora quanto dentro dos homens.

Cenário conspícuo • Mateus 5:14-16
Todas as ilustrações usadas pelo nosso Senhor são conspícuas: sal, luz e uma cidade sobre uma colina. Não é possível confundi-las. Para preservar alguma coisa contra decomposição é preciso colocar sal no meio dela. Antes de conseguir fazer o seu trabalho, ele causa irritação excessiva, o que leva à perseguição. A luz atrai mariposas e morcegos e aponta o caminho tanto para ladrões quanto para pessoas honestas. Uma cidade é um local onde se reúnem todos tocos flutuantes humanos, que não trabalharão para o seu próprio sustento, e um cristão terá qualquer número de parasitas e aproveitadores ingratos. Jesus quer que nos lembremos de que, certamente, outras pessoas nos enganarão. Essas considerações formam uma poderosa tentação: podemos querer fingir que não somos sal, colocar a nossa luz sob um cesto e cobrir a nossa cidade com uma névoa. Porém, Jesus não permite coisa alguma na mesma natureza do discipulado encoberto.

"Vocês são a luz do mundo." É impossível sujar a luz; você pode tocar um raio de luz com a mão mais suja, mas não deixa nele marca alguma. Um raio de sol pode brilhar na casa mais suja da favela de uma cidade, mas não ficará sujo. Pessoas meramente morais podem ser manchadas a despeito de sua integridade, mas quem é purificado pelo Espírito Santo não pode ser maculado — é semelhante à luz.

Graças a Deus pelos homens e mulheres que passam a vida nas favelas da Terra, não como reformadores sociais para elevar seus irmãos e irmãs a chiqueiros mais limpos, e sim como a luz de Deus, revelando um caminho de volta a Ele. Deus mantém esses obreiros como a luz, puros e imaculados. Se você tem coberto a sua luz, descubra-a! Caminhe como filho da luz. As pessoas poderão não gostar disso, preferindo as trevas quando os seus atos são maus, entretanto a luz revela o pecado e aponta para um caminho melhor (JOÃO 3:19-21).

Somos o sal da Terra? Somos a luz do mundo? Estamos permitindo que Deus manifeste em nossa vida a verdade dessas surpreendentes declarações de Jesus Cristo?

Declaração divina (MATEUS 5:17-20)

Sua missão • Mateus 5:17-19

"Vim [...] para cumprir." Que declaração surpreendente! Quando ouvimos Jesus Cristo falar, devemos tirar nossos sapatos como se estivéssemos pisando em solo sagrado e remover da nossa mente toda atitude descuidada do senso comum. Em Jesus, lidamos com Deus como homem, o Deus-Homem, o representante de toda a raça humana em uma única Pessoa. Os homens da época dele rastreavam sua linhagem religiosa até a natureza de Deus e aquele jovem carpinteiro nazareno disse: "*Eu sou* a natureza de Deus". Por isso, eles o consideraram blasfemo.

O nosso Senhor faz de si mesmo o exato significado e cumprimento de todas as profecias do Antigo Testamento. Ele diz que Sua missão é cumprir a Lei e os Profetas. Diz, ainda mais, que qualquer pessoa que infringir as leis antigas (porque elas pertencem a uma dispensação anterior) e ensinar outras pessoas a também as infringir sofrerá um grave empobrecimento.

Se os antigos mandamentos eram difíceis, os princípios do nosso Senhor são incrivelmente mais difíceis. Tudo que Ele ensina é impossível a menos que Ele possa inserir em nós o Seu Espírito e nos refazer a partir de dentro. O Sermão do Monte é bem diferente dos Dez Mandamentos, no sentido de ser absolutamente impraticável, a menos que Jesus Cristo possa nos refazer.

Certos mestres argumentam que o Sermão do Monte substitui os Dez Mandamentos e que, "porque não estamos debaixo da lei, e sim da graça…" (ROMANOS 6:15), não importa se honramos nosso pai e nossa mãe, se cobiçamos ou assim por diante. Cuidado com declarações como esta: "Atualmente, não há necessidade de observar a doação de um décimo do dinheiro ou do tempo; estamos em uma nova dispensação, e tudo pertence a Deus". Na aplicação prática, isso é cortina de fumaça sentimental. Dar o dízimo não é um sinal de que tudo pertence a Deus, mas de que o dízimo pertence a Deus e o resto é nosso, e somos responsáveis pelo que fazemos com ele.

Estar "não debaixo da lei, e sim da graça" não significa que podemos fazer o que quisermos. É surpreendente a facilidade com que conseguimos nos esquivar dos princípios de Jesus Cristo por meio de um ou dois ditos piedosos

Seu ensino e nosso treinamento

repetidos com frequência. A única salvaguarda contra isso é manter um relacionamento pessoal com Deus. O segredo de todo entendimento espiritual é andar na luz — não a luz de nossas convicções ou de nossas próprias teorias, e sim a luz de Deus (1 JOÃO 1:7).

Sua mensagem • *Mateus 5:20*

Pense na pessoa mais correta que você conhece, a qual nunca recebeu o Espírito Santo. Pense na pessoa mais moral, genuína e religiosa, como Nicodemos ou seu companheiro fariseu Saulo de Tarso, que era chamado de "irrepreensível" segundo a lei (FILIPENSES 3:6). Jesus diz que você precisa exceder essa pessoa em justiça. Você tem de ser não apenas tão moral quanto o ser humano mais moral que você conhece, mas infinitamente mais: ser tão correto em seus atos, tão puro em suas motivações, que o Deus Todo-poderoso não consiga encontrar em você coisa alguma para culpar.

É demasiadamente forte chamar isso de torpedo espiritual? Essas declarações de Jesus são as mais revolucionárias que ouvidos humanos já ouviram, e precisamos que o Espírito Santo as interprete para nós. A atual admiração superficial por "Jesus Cristo como mestre" é inútil.

"Quem subirá ao monte do SENHOR..." (SALMO 24:3)? Estar diante de Deus e dizer, como indica o Salmo 24:4: Sou "limpo de mãos e puro de coração", quem poderá fazer isso? Quem poderá permanecer na luz eterna de Deus e não ter causa alguma pela qual Deus o possa culpar? Somente o Filho de Deus. Então, se o Filho de Deus for formado dentro de nós por regeneração e santificação, Ele se manifestará por meio de nossa vida na Terra. Esse é o ideal do cristianismo — "...que também a vida de Jesus se manifeste em nossa carne mortal" (2 CORÍNTIOS 4:11).

Jesus diz que as nossas inclinações precisam ser corretas até o âmago; não apenas as nossas motivações conscientes, mas também as inconscientes. Agora, estamos além das nossas próprias capacidades. Deus pode me tornar puro de coração? Bendito seja o Seu nome, Ele pode! Ele pode alterar a minha inclinação para que, quando as circunstâncias me revelarem a mim mesmo, eu fique maravilhado? Ele pode. Ele pode infundir a Sua natureza na minha, até ela ser idêntica à dele? Ele pode. Esse, e nada menos, é o significado de Sua cruz e ressurreição.

"Se a justiça de vocês não *exceder*...". A justiça dos escribas e fariseus era certa, não errada. Claro, eles faziam coisas que não eram justas, mas aqui Jesus está falando da *justiça* deles, que Seus discípulos devem exceder. O que excede o *fazer* o que é correto? Não é acrescentar o *ser* correto? Ser correto sem fazer o que é correto é possível se nos recusamos a ter um relacionamento com Deus, mas isso não poderá exceder "a justiça dos escribas e fariseus". Aqui, a mensagem de Jesus Cristo é que a nossa justiça precisa exceder a dos escribas e fariseus, que eram muito bons em *fazer*, embora fossem ruins em *ser*. Caso contrário, nunca entraremos no reino do Céu.

Os monges da Idade Média se recusavam a assumir as responsabilidades da vida e se isolavam do mundo; tudo que eles queriam era o *ser*. Atualmente, muitas pessoas querem fazer o mesmo e desligar-se de um relacionamento ou de outro. Porém, isso não excede a justiça dos escribas e fariseus. Se o nosso Senhor quisesse dizer exceder apenas em *ser*, não teria usado a palavra exceder; teria dito: "A menos que sua justiça *seja diferente da...*". Nós não podemos exceder a justiça das pessoas mais morais que conhecemos segundo o que elas *fazem*, e sim apenas segundo o que elas *são*.

O ensino do Sermão do Monte precisa produzir desespero na pessoa não salva; se isso não acontecer, ela não prestou atenção a ele. Quando você prestar atenção ao ensino de Jesus Cristo, logo dirá, como o apóstolo Paulo: "Quem, porém, é capaz de fazer estas coisas?" (2 CORÍNTIOS 2:16). A resposta é: "Bem-aventurados os limpos de coração". Se Jesus Cristo disse intencionalmente o que disse, como ficamos? Ele diz: "Venham a mim" (MATEUS 11:28).

Capítulo 2

FACTUAL E REAL
Mateus 5:21-42

Uma pessoa não pode assimilar algo em que não tenha começado a pensar; assim, enquanto as pessoas não nascem de novo, o que Jesus diz não significa nada para elas. A Bíblia é um universo de fatos revelados que não têm significado para nós enquanto não nascemos do alto. Quando nascemos de novo, vemos na Bíblia o que nunca vimos antes. Somos elevados ao reino onde Jesus vive e começamos a ver o que Ele vê (JOÃO 3:3).

Por *factual*, eu quero dizer as coisas com as quais entramos em contato por meio dos nossos sentidos. Por *real*, quero dizer as coisas que estão por trás, coisas que não podemos alcançar pelos nossos sentidos (2 CORÍNTIOS 4:18). Os fanáticos veem apenas o real e ignoram o factual; os materialistas olham apenas para o factual e ignoram o real. O único Ser sensato que já andou nesta Terra foi Jesus Cristo, porque nele o factual e o real eram uma coisa só.

Jesus Cristo não está em primeiro lugar no mundo factual: Ele está em primeiro lugar no mundo real. É por isso que a pessoa natural não liga para Jesus: "...a pessoa natural não aceita as coisas do Espírito de Deus, porque lhe são loucura..." (1 CORÍNTIOS 2:14).

Quando nascemos do alto, começamos a ver as coisas factuais à luz do real. Dizemos que a oração transforma as coisas, mas a oração não transforma as coisas factuais tanto quanto transforma a pessoa que vê as coisas factuais. No Sermão do Monte, o nosso Senhor une o factual ao real.

A questão da pureza (MATEUS 5:21-30)

Nesses versículos, o nosso Senhor está estabelecendo o princípio de que, para segui-lo e obedecer ao Seu Espírito, as pessoas precisam decidir ser puras. Não podemos nos tornar puros obedecendo a leis. A pureza não é uma questão de fazer as coisas da maneira correta, e sim de quem as faz *ser* correto em seu interior.

A pureza é difícil de definir. Porém, podemos pensar nela como um estado de coração igual ao coração do nosso Senhor Jesus Cristo. Pureza não é inocência; a inocência é a característica de uma criança e, embora de maneira profunda uma criança não seja pura, sua inocência nos apresenta tudo que entendemos por pureza. A inocência na vida de uma criança é uma coisa bela, mas homens e mulheres não devem ser inocentes: eles devem ser testados, provados e puros.

Ninguém nasce puro; pureza é resultado de conflito. A pessoa pura não é aquela que nunca foi provada, mas aquela que sabe o que é o mal e o superou. (O mesmo se aplica à virtude e à moralidade: ninguém nasce virtuoso e moral; nós nascemos sem percepção moral. A nossa moralidade é sempre resultado de conflito, não algo que surge automaticamente dentro de nós.)

Jesus Cristo exige que a nossa pureza seja tanto explícita quanto implícita, isto é, a minha conduta factual (a castidade factual da minha vida corporal, a castidade factual da minha mente) deve estar além da condenação do Deus Todo-poderoso. Nós não devemos ser puros além da condenação de nossos semelhantes humanos, porque isso poderia nos transformar em fariseus. Sempre podemos enganar as outras pessoas.

Porém, por Sua redenção, Jesus Cristo assumiu o compromisso de colocar em mim um coração tão puro que Deus não veja nele coisa alguma para criticar. Essa é a maravilha da redenção: que Jesus Cristo possa me dar uma nova hereditariedade, a hereditariedade imaculada do Espírito Santo. Jesus diz que, se ela estiver lá, a sua pureza se manifestará na minha experiência factual.

Em Mateus 15, o nosso Senhor diz aos Seus discípulos como é o coração humano: "Do coração procedem..." (v.19), e então segue-se a lista desagradável: homicídio, adultério, roubo e assim por diante. Podemos dizer: "Nunca senti qualquer dessas coisas em meu coração", preferindo confiar em nossa inocente ignorância em vez de na penetrante sabedoria de Jesus Cristo. Ou não vale a pena ouvir Jesus Cristo, ou Ele precisa ser a autoridade suprema no coração humano.

Então, se eu fizer com que a inocência *consciente* seja o teste, provavelmente chegarei a um ponto onde descobrirei, com uma percepção estremecedora, que o que Jesus disse é verdade e ficarei horrorizado com a possibilidade do mal dentro de mim. Se nunca fui exteriormente vil, provavelmente a razão é uma mistura de covardia e proteção da vida civilizada. Porém, quando estou despido diante de Deus, descubro que Jesus Cristo está certo em Seu diagnóstico. Enquanto permaneço sob o refúgio da inocente ignorância, vivo no paraíso de um tolo. Sempre há culpa a ser encontrada em mim, mesmo quando tento refutar o que Jesus diz.

Jesus Cristo exige que o coração de um discípulo seja totalmente puro e, a menos que Ele possa me dar o Seu caráter, Seu ensino apenas me provoca. Se tudo o que Ele veio fazer foi zombar de mim, dizendo-me para ser o que sei que nunca poderei ser, posso me dar ao luxo de ignorá-lo. Mas, se Jesus pode me dar Seu próprio caráter de santidade, então começo a ver como posso realmente ser puro. Jesus Cristo é o mais severo e o mais gentil dos salvadores.

A boa notícia de Deus não é apenas que Jesus morreu pelos meus pecados, mas que Ele se entregou por mim para que eu pudesse me entregar a Ele. Deus não pode receber bondade de mim, Ele só pode receber minha maldade — e Ele me dará a sólida bondade do Senhor Jesus em troca (VEJA 2 CORÍNTIOS 5:21).

Inclinação e atos • *Mateus 5:21-22*

O nosso Senhor está usando uma ilustração familiar aos discípulos. Se um homem desrespeitasse o comportamento público adequado, corria o risco de ser levado a um tribunal e, se desrespeitasse aquele tribunal, corria o risco do julgamento final. Jesus usa esta ilustração do exercício ordinário de julgamento para mostrar qual precisa ser a atitude de um discípulo: que as minhas motivações, que surgem da parte mais profunda de mim, precisam ser corretas.

Estamos discutindo aqui a inclinação por trás do ato, a motivação por trás de uma ocorrência factual. Eu posso nunca agir raivosamente, mas Jesus Cristo exige a completa ausência de raiva em minha atitude. A motivação das minhas motivações, a fonte dos meus sonhos, precisa ser tão correta que os atos corretos se seguirão naturalmente.

No Salmo 139, o salmista percebe-se vasto demais para si mesmo e ora: "'Sonda-me, ó Deus, e conhece o meu coração, prova-me e conhece os meus pensamentos' (v.23); rastreia os sonhos dos meus sonhos, a motivação das minhas motivações, e corrija-os; 'vê se há em mim algum caminho mau e guia-me pelo caminho eterno' (v.24)". O que chamamos de "libertação do pecado" não é uma libertação apenas de pecados conscientes — é a libertação dos pecados aos olhos de Deus, e Ele pode visualizar regiões que eu desconheço. Pela maravilhosa expiação de Jesus Cristo, aplicada a mim pelo Espírito Santo, Deus pode purificar as fontes de minha vida inconsciente até que a inclinação da minha mente seja irrepreensível aos Seus olhos.

Cuidado para não remover o aspecto radical do ensino de nosso Senhor, dizendo que Deus coloca em nós algo para neutralizar a nossa propensão errônea — tal afirmação é uma concessão. Jesus nunca nos ensina a refrear e suprimir a inclinação errada; Ele nos dá uma inclinação totalmente nova. Ele muda a nossa mola propulsora. O ensino do nosso Senhor só pode ser interpretado pelo novo Espírito que Ele coloca em nós e nunca pode ser tomado como uma série de regras e regulamentos.

Uma pessoa não consegue imitar a inclinação de Jesus Cristo; ela está, ou não, presente. Quando o Filho de Deus é formado em mim, é formado em minha natureza humana; e eu tenho de me revestir do "novo homem" (EFÉSIOS 4:24 ARA) em concordância com a Sua vida, obedecendo a Ele. Então, a Sua inclinação operará através de mim o tempo todo.

Nós criamos o nosso caráter a partir da nossa inclinação. Caráter é algo que desenvolvemos, inclinação é aquilo com que nascemos; porém, quando nascemos de novo, recebemos uma nova inclinação. As pessoas criam o seu próprio caráter, mas somos incapazes de criar a nossa inclinação; ela é um dom. A nossa inclinação natural nos é dada por hereditariedade, mas, pela regeneração, Deus nos dá a inclinação de Seu Filho.

Jesus Cristo é puro até as profundezas de Suas motivações e, se Sua inclinação pode ser formada em mim, começo a ver como também posso ser puro. "Não fique admirado por eu dizer: 'Vocês precisam nascer de novo'" (JOÃO 3:7). Se eu deixar Deus alterar a minha hereditariedade, me tornarei devoto a Ele, e Jesus Cristo terá ganhado um discípulo. Muitos dentre nós, que nos dizemos cristãos, não são realmente devotados a Jesus Cristo.

O nosso Senhor está por trás da lei para a inclinação. Tudo que Ele diz é impossível, a menos que Ele possa colocar o Seu Espírito em mim e me refazer a partir de dentro; então, começo a ver como isso pode ser feito. Quando nós nascemos do alto, não precisamos fingir ser santos; não podemos deixar de ser santos. Serei uma pessoa espiritualmente autêntica ou uma fraude bem-vestida? Sou um pobre de espírito ou sou orgulhoso de meu próprio zelo? Nós podemos ser tão tremendamente zelosos que somos cegados pelo nosso zelo e nunca vemos que Deus é mais zeloso do que nós. Agradeça a Deus pela absoluta pobreza de espírito que recebe dele o tempo todo.

Só há uma maneira pela qual você, como discípulo, saberá que Jesus mudou a sua inclinação: por meio de circunstâncias difíceis. Quando as circunstâncias o colocam à prova, em vez de se ressentir, você experimenta uma incrível transformação interior. Você diz: "Louvado seja Deus, esta é uma mudança surpreendente! Agora sei que Deus me transformou, porque, se isso houvesse acontecido comigo antes, eu teria sido azedo, irritável, sarcástico e rancoroso. Porém, agora há um poço de doçura em mim, que sei que nunca viria de mim mesmo". A prova de que Deus mudou a nossa inclinação não é que nos convencemos de que Ele a mudou; em vez disso, nós provamos que Ele o fez quando as circunstâncias nos colocam à prova.

A crítica aos cristãos não é errada; é absolutamente certa. Quando dizemos que nascemos de novo, somos colocados sob escrutínio, e com razão. Se nascemos de novo do Espírito Santo e temos a vida de Jesus em nós por meio de Sua cruz, precisamos demonstrar isso na maneira como andamos, falamos e realizamos todos os nossos afazeres.

Temperamento e verdade de conduta • *Mateus 5:23-26*

Nesses versículos, o nosso Senhor usa outra ilustração conhecida em Seus dias. Se um homem, levando um cordeiro pascal ao sacerdote como oferta, se lembrasse de que havia fermento em sua casa, tinha que voltar e remover o fermento antes de levar a sua oferta. Nós não carregamos mais cordeiros para sacrificar, mas o significado espiritual da ilustração é tremendo: ela enfatiza a diferença entre realidade e sinceridade.

Essencialmente, Jesus diz: "Se você estiver trazendo a sua oferta ao altar e lá se lembrar que o seu irmão tem alguma coisa contra você, não *me* diga mais nada; vá e reconcilie-se com o seu irmão. Então, volte e faça a sua e oferta". Jesus nada ordena à outra pessoa; Ele diz: "Vá *você*". Ele não diz: "Vá até a metade do caminho", e sim: "Primeiramente, *vá*". Não são os seus direitos que estão em questão.

Isso é uma verdade prática que nos atinge profundamente! Uma pessoa não pode ser uma fraude diante de Jesus Cristo um segundo sequer. O Espírito Santo nos torna sensíveis a coisas sobre as quais nunca pensamos antes. Nunca se oponha à intensa sensibilidade do Espírito Santo em você quando Ele o estiver educando até em um mínimo detalhe; nunca descarte uma condenação. Se ela é suficientemente importante para o Espírito trazê-la à sua mente, é isso o que Ele quer abordar.

O teste que Jesus faz não é a verdade da nossa conduta, e sim o temperamento da nossa mente. Muitos de nós são maravilhosamente verdadeiros em sua conduta, mas o nosso temperamento mental está podre aos olhos de Deus. O que Jesus altera é o temperamento da mente.

Quando Jesus diz: "Se você estiver trazendo a sua oferta ao altar e lá *se lembrar*", Ele não está dizendo: "...e lá remoer alguma coisa pequena por sensibilidade mórbida". (É aí que Satanás se apodera de cristãos imaturos e os torna hiperconscienciosos.) Não, o ensino de Jesus é você "se lembrar que o seu irmão ou a sua irmã tem alguma coisa contra você". A inferência é que o Espírito Santo traz isso à sua memória. Se isso acontecer, nunca ignore; diga: "Sim, Senhor, eu reconheço" e obedeça a Ele imediatamente, por mais humilhante que isso possa ser.

É impossível fazer isso sem que Deus tenha mudado o seu temperamento mental. Porém, se você é realmente santo, descobrirá que não tem dificuldade em fazer o que, de outro modo, seria uma humilhação impossível. A atitude que não permitirá que o Filho de Deus governe é a atitude da minha reivindicação ao meu direito sobre mim mesmo. A essência do pecado não é a imoralidade, e sim "Eu exercerei o meu direito a mim mesmo neste assunto específico". Porém, se a minha inclinação foi mudada, obedecerei a Jesus a todo custo.

Observe o que faz você bufar moralmente. Se o temperamento da sua mente não foi alterado por Jesus Cristo, quando o Espírito Santo o lembrar de algo para corrigir, você dirá: "Não, de forma alguma. Eu não vou dar o primeiro passo quando eu estava certo e eles estavam errados". Se você não estiver disposto a ceder de maneira absoluta o seu direito a si mesmo nesse ponto, não precisará mais orar — há entre você e Deus uma barreira mais alta do que o Calvário.

Esse é o temperamento da mente de todos nós antes de ser mudado. Tendo sido alterado, o novo temperamento da mente torna a reconciliação tão natural quanto respirar e, para nossa surpresa, descobrimos que agora somos capazes de fazer o que não éramos capazes anteriormente. No instante em que você obedece, descobre que o temperamento da sua mente é real. Jesus Cristo nos torna reais, não meramente sinceros. Pessoas sinceras sem serem reais não são hipócritas; elas são perfeitamente sinceras e honestas, querendo cumprir a vontade de Jesus, mas realmente não são capazes. Isso acontece porque elas não receberam Aquele que as torna reais: o Espírito Santo.

Jesus Cristo nos leva ao teste prático. Não se trata de eu *dizer* que sou puro de coração, e sim de *provar* que o sou por meus atos; sou sincero não apenas na conduta, mas também na atitude da minha mente. Ao longo de todo o Sermão do Monte, a mesma verdade é trazida à tona. "Se a justiça de vocês não *exceder* em muito a dos escribas e fariseus…" (MATEUS 5:20). Nós temos de cumprir toda a antiga Lei e muito mais, e a única forma de fazer isso é deixar Jesus nos mudar por dentro — e lembrando-nos de que tudo que Ele nos diz para fazer *somos capazes* de fazer. O objetivo do ensinamento do nosso Senhor é: "Obedeça-me e você descobrirá que tem dentro de si uma riqueza de poder".

Luxúria e licenciosidade • *Mateus 5:27-28*
Sem pedir desculpas, o nosso Senhor vai à raiz do problema todas as vezes. Discutir luxúria é sórdido? É insanamente sórdido, mas o pecado é insanamente sórdido, e não há desculpa em falsa modéstia ou em recusar-se a encarar a música da obra do diabo nesta vida. Jesus Cristo a enfrentou e nos faz enfrentá-la também.

A nossa ideia natural de pureza é que significa obediência a certas leis e regulamentos. Porém, isso na verdade é pudor, e nada há de pudico na Bíblia. A Bíblia insiste em pureza, não em pudor. Há declarações francas e chocantes na Bíblia, mas, de capa a capa, ela nada fará para prejudicar os puros de coração; é para os impuros de coração que essas coisas são corruptoras.

Se Jesus Cristo pudesse apenas nos tornar pudicos, ficaríamos horrorizados em ir trabalhar entre as abominações morais do mundo não salvo. Porém, com a pureza que Jesus Cristo coloca dentro de nós, Ele pode nos levar aonde Ele mesmo foi, tornando-nos capazes de enfrentar a mais vil corrupção moral sem sermos manchados. Ele nos manterá tão puros quanto Ele mesmo.

Como cristãos, frequentemente nos escandalizamos com imoralidades públicas porque o nosso senso de honra social é perturbado. Contudo, nosso coração fica ferido quando vemos uma pessoa vivendo em orgulho contra Deus? Quando o Espírito Santo está em ação, Ele nos dá novos padrões de julgamento e proporção.

Lembre-se de que há uma imoralidade secreta em todo sentimento religioso não realizado em seu nível correto. A natureza humana é constituída assim: sempre que você permite uma emoção, mas não a realiza em seu nível legítimo, ela reagirá em um nível ilegítimo. Você não deve abrigar uma emoção que você pode ver que será errada no final. Mantenha-a na porta da sua mente como uma imoralidade e não permita que ela entre.

Deus não dá a uma pessoa um novo corpo quando ela é salva: o corpo é o mesmo, mas uma nova inclinação é dada. Deus muda a mola propulsora: Ele coloca o amor no lugar da luxúria. O que é luxúria? A impaciência do desejo, o sentimento que diz "Preciso disso imediatamente". O amor é capaz de esperar sete anos; a luxúria é incapaz de esperar dois segundos. Esaú e sua tigela de guisado é uma imagem da luxúria (VEJA GÊNESIS 25:29-34); Jacó servindo por Raquel é uma imagem do amor (VEJA GÊNESIS 29:15-20). Nesses versículos, a luxúria é colocada no nível mais baixo, mas lembre-se de que a luxúria se estende das maiores profundezas da imoralidade até o cume da vida espiritual. Jesus Cristo penetra diretamente até a base dos nossos desejos.

Se alguém fica onde a luxúria é incapaz de alcançar, só pode fazê-lo porque Jesus mudou a sua inclinação. Seria impossível evitar a luxúria se Jesus Cristo não fosse capaz de fazer o que Ele diz que pode fazer. Um discípulo deve estar livre da degradação da luxúria, e a maravilha da redenção é que Jesus pode libertar dela os Seus discípulos.

A afirmação de Jesus Cristo é que Ele pode fazer pelos seres humanos o que nós não conseguimos fazer por nós mesmos. Jesus não muda a nossa natureza humana; ela não precisa ser alterada. Ele muda a mola propulsora. A grande maravilha da salvação em Jesus é que Ele muda a hereditariedade. Licenciosidade é rebelião contra toda lei: "Eu farei o que gosto e não me importarei com quem quer que seja". Liberdade é a capacidade de cumprir a Lei, quando não há independência de Deus na minha constituição.

Você vê como estamos crescendo? Os discípulos estavam sendo ensinados por Jesus Cristo a esperar serem puros. Porém, a pureza é demasiadamente profunda para chegarmos a ela naturalmente. A única demonstração de pureza é a pureza no coração do nosso Senhor, e essa é a pureza que Ele implanta em nós. Ele diz que saberemos se temos essa pureza pelo temperamento mental que exibirmos ao nos depararmos com coisas que, anteriormente, teriam despertado em nós luxúria e desejos egoístas. Não é apenas uma questão de possibilidade no interior, mas de uma possibilidade que se demonstra no desempenho. O único teste que existe é: "Aquele que pratica a justiça é justo…" (1 JOÃO 3:7).

Orientação da disciplina • Mateus 5:29-30
Se Deus mudou a nossa inclinação, por que precisamos de disciplina? Contudo, nesses versículos o nosso Senhor fala de disciplina muito severa, a ponto de arrancar a mão direita e o olho direito. A razão para essa necessidade de disciplina é que o nosso corpo foi usado pela inclinação errada e, quando a nova inclinação é colocada dentro de nós, o velho corpo físico *não* é retirado, mas é deixado lá para nos disciplinarmos e nos transformarmos em servos obedientes à nova inclinação (VEJA ROMANOS 6:19).

> *E, se a sua mão direita leva você a tropeçar, corte-a e jogue-a fora. Pois é preferível você perder uma parte do seu corpo do que o corpo inteiro ir para o inferno.* v.30

O que isso significa? Significa severidade absoluta e inabalável ao lidar com as coisas boas em você que não são as melhores. Em toda pessoa, "o bom é inimigo do melhor", o bom que não é suficientemente bom. A sua mão direita não é uma coisa ruim; é uma das melhores coisas que você tem. Porém, Jesus diz que, se a sua mão direita interfere no desenvolvimento de sua vida espiritual, impedindo você de seguir os Seus preceitos, arranque-a e jogue-a para longe de si.

Jesus Cristo falou a dura verdade. Ele nunca foi ambíguo e diz que é melhor ser mutilado do que condenado; melhor viver a sua vida manco aos olhos das pessoas e agradável aos olhos de Deus do que ser agradável aos olhos humanos e manco aos olhos de Deus. Nesses versículos, Jesus descreve uma vida mutilada como ponto de partida; nós podemos parecer bem aos olhos das outras pessoas, mas somos extremamente distorcidos e pervertidos aos olhos de Deus.

Um dos princípios do nosso Senhor que demoramos a entender é que a única base do espiritual é o sacrifício do natural. A vida natural não é moral, nem imoral; eu a torno moral ou imoral por minha inclinação dominante. Jesus ensina que a vida natural é destinada ao sacrifício. Podemos dá-la como um presente a Deus, que é a única maneira de torná-la espiritual (VEJA ROMANOS 12:1-2).

Foi aí que Adão falhou. Ele se recusou a sacrificar a vida natural e torná-la espiritual obedecendo à voz de Deus. Nisso ele pecou — o pecado de reivindicar um direito sobre si mesmo. Por que Deus exigiu que eu sacrificasse o natural pelo espiritual? Ele não o fez. A ordem de Deus era que o natural fosse transformado no espiritual pela obediência. O pecado foi o que tornou necessário que o natural fosse sacrificado, o que é muito diferente.

Se você quiser ser espiritual, precisará dar em troca o natural: sacrificá-lo. Entretanto, se você diz: "Eu não quero sacrificar o natural pelo espiritual", Jesus diz que você precisa ficar sem o espiritual. Isso não é uma punição, e sim um princípio eterno.

Essa é a disciplina mais dura imposta à humanidade. Nada há de mais heroico, mais grandioso do que a vida cristã. A espiritualidade não é uma doce tendência à bondade em pessoas que têm medo de ser más; a espiritualidade é a posse da vida de Deus, que é viril em sua força. Se Ele for obedecido, tornará inteiramente espiritual a vida mais corrupta, pervertida e manchada pelo pecado. A pureza é forte e feroz, e a pessoa que quiser ser pura por amor a Jesus Cristo tem um glorioso e excelente trabalho pela frente.

Se Jesus Cristo mudou o nosso caráter, temos de harmonizar o nosso corpo com a nova inclinação. Nós precisamos fazer com que o nosso corpo exercite a nova inclinação, e isso só pode ser feito por meio de disciplina severa, o que significará cortar muitas coisas pelo bem da nossa vida espiritual.

Algumas coisas são como a mão direita e o olho direito para nós; contudo, não ousamos usá-las. O mundo ao nosso redor diz: "Que absurdo! Por que você arrancaria isso? Que há de errado com sua mão direita?". Seremos chamados de fanáticos e excêntricos. Se você nunca foi excêntrico ou fanático, esse é um sinal bastante seguro de que você nunca começou a levar a vida a sério.

No início, o Espírito Santo nos impedirá de fazer muitas coisas que podem ser perfeitamente corretas para todas as outras pessoas. Todavia essas coisas não serão corretas para nós. Ninguém pode decidir por outra pessoa o que deve ser arrancado, e nós não temos o direito de usar as nossas próprias limitações indicadas pelo Espírito para criticar os outros.

Jesus diz que, para desenvolver o nosso caráter espiritual, precisamos estar preparados para ser tolos limitados aos olhos dos outros. Se apenas estivermos dispostos a desistir das coisas erradas por Jesus Cristo, nunca deveremos falar sobre estar apaixonados por Ele. Se você quiser dizer: "Por que eu não deveria? Não há mal nisso", vá e faça, mas lembre-se de que a construção do caráter espiritual estará condenada assim que você optar por esse caminho.

Qualquer pessoa desistirá das coisas erradas se souber como fazer isso. Porém, estamos preparados para renunciar o melhor que temos por Jesus Cristo? O único direito que nós, como cristãos, temos é o direito de abdicar dos nossos direitos.

A importância da prática (MATEUS 5:31-37)

Por *prática* quero dizer o comportamento contínuo de cada pessoa, aquele que ninguém vê ou conhece, exceto nós mesmos. Então, o hábito é o resultado da prática; fazendo continuamente uma coisa, ela se torna uma segunda natureza.

A diferença entre as pessoas não é uma diferença de poder pessoal, e sim o fato de algumas pessoas serem disciplinadas, enquanto outras, não. A diferença não é o grau de poder mental, mas o grau de disciplina mental. Se nos ensinamos a pensar, teremos o poder mental *mais* a disciplina de tê-lo sob controle. Cuidado com a impulsividade: ela é a característica de uma criança, mas não deve ser a característica de um adulto. Impulsividade significa que não nos disciplinamos. Impulso descontrolado é poder indisciplinado.

Os hábitos são puramente mecânicos e, sempre que formamos um hábito, isso faz uma diferença material no cérebro. A matéria do cérebro se altera muito lentamente, mas se altera, e, ao fazer algo repetidamente, o nosso cérebro é transformado. Torna-se mais fácil fazer aquilo repetidamente, até que finalmente nos tornamos inconscientes de fazê-lo. Quando somos regenerados, pelo poder e pela presença de Deus, podemos (re)formar todo hábito que não esteja em conformidade com a Sua vida.

Nunca forme um hábito gradualmente. Faça isso de uma vez, de maneira súbita e definitiva, e nunca permita uma pausa. Nós temos de aprender a formar hábitos segundo os ditames do Espírito de Deus. O poder e a prática precisam andar juntos.

Quando falhamos é porque não praticamos, não alinhamos a parte mecânica da nossa natureza. Se continuamos praticando, o que praticamos se torna nossa segunda natureza. Em uma crise, descobriremos que não só a graça de Deus está ao nosso lado, mas também a nossa própria natureza. Praticar é nossa responsabilidade (não de Deus), e as crises revelam se temos praticado ou não. Nós não falhamos por causa do diabo, e sim por descuido nosso — pelo fato de não havermos disciplinado a nós mesmos.

Nos versículos 31 e 32, Jesus discorre sobre o casamento que, junto com o dinheiro, forma a estrutura básica da vida pessoal e social. Eles são os referenciais da realidade; e, em torno dessas duas coisas, o Espírito Santo opera o tempo todo.

O casamento é um dos picos de montanhas em que o trovão de Deus lança almas para o inferno, ou em que a Sua luz transforma vidas humanas para os céus eternos. Jesus Cristo enfrenta intrepidamente a questão do pecado e do erro, ensinando-nos a também enfrentá-lo destemidamente. Não há circunstância tão sombria e complicada, nenhuma vida tão distorcida, que Ele não possa consertar.

A Bíblia não foi escrita para criancinhas ou tolos. Ela foi escrita para homens e mulheres que têm de enfrentar os fatos do inferno nesta vida, assim como os fatos do Céu. Algumas vidas apresentam um rosto feliz, mas têm uma tragédia hedionda por trás delas. Se Jesus Cristo for incapaz de tocá-las, de que serve a Sua salvação? Mas, louvado seja Deus, Ele é capaz. Ele é capaz de mudar o nosso caráter e os sonhos dos nossos sonhos até que a luxúria não mais viva neles.

Discurso e sinceridade • *Mateus 5:33*
Sinceridade significa que a sua aparência e a sua realidade são exatamente iguais. Jesus parece dizer: "Lembre-se, você está no tribunal de Deus, não no dos homens; pratique o tipo certo de discurso, e seu Pai celestial confirmará tudo que for verdadeiro. Se você mesmo tiver de confirmá-lo, é do maligno".

Não deveríamos ter de pedir a ninguém para confirmar a nossa palavra; ela deve ser suficiente e, se os outros acreditam ou não em nós, é indiferente. Todos nós conhecemos pessoas cuja palavra é a sua garantia; não há necessidade de outra pessoa apoiar a palavra delas, porque seu caráter e sua vida são bastante suficientes. Retenha o seu discurso até ser capaz de transmitir a sinceridade de sua mente por intermédio dele. Enquanto o Filho de Deus não é formado em nós, não somos sinceros, nem mesmo honestos. Mas, quando a Sua vida entra em nós, Ele nos torna honestos para com nós mesmos, e generosos e bondosos para com os outros.

Há um perigo em ser capaz de discutir a verdade de Deus com facilidade, porque, frequentemente, é aí que ela termina. Se pudermos expressar bem a verdade, o perigo é que não passemos a saber mais. A maioria de nós pode falar piedosamente; temos a prática, mas não o poder. Jesus está dizendo que a nossa fala deve brotar da base do Seu Espírito em nós, para que todo aquele que ouvir seja edificado por ela.

A sinceridade sem afetação sempre edifica; a comunicação corrupta nos torna reles e desamorosos. Há pessoas que nunca dizem uma palavra ruim, mas sua influência é diabólica. Não preste atenção ao exterior do prato, e sim ao que está dentro dele. Pratique o discurso que corresponda à vida do Filho de Deus em você; lenta e seguramente, seu discurso e sua sinceridade estarão em consonância.

Reverência irreverente • *Mateus 5:34-36*
No tempo do nosso Senhor, assim como no nosso, havia o hábito comum de respaldar afirmações comuns apelando ao nome de Deus. Jesus rejeita isso. Ele diz para nunca invocar algo da natureza de Deus para atestar o que você diz. Apenas fale de forma simples e verdadeira, percebendo que a verdade nos seres humanos é o mesmo que a verdade em Deus.

Chamar Deus como testemunha para respaldar o que você diz é, quase sempre, um sinal de que o que você está dizendo não é verdadeiro. De semelhante modo, se você puder encontrar razões para a verdade do que você diz, isso é prova de que o que você diz não é estritamente verdadeiro; se fosse, você nunca teria de encontrar razões para provar aquilo. Jesus Cristo defende uma veracidade que nunca toma conhecimento de si mesma.

O nosso Senhor se opõe à "reverência irreverente", isto é, falar levianamente sobre coisas que só deveriam ser mencionadas com a maior reverência.

Integridade • *Mateus 5:37*
Integridade significa pureza íntegra de coração. Deus pode fazer de nossas palavras a exata expressão da inclinação que Ele colocou em nós. Jesus ensinou, por exemplo e por preceito, que ninguém deve defender a sua própria honra, apenas a de outra pessoa.

O nosso Senhor nunca se preocupou com a Sua própria honra; Ele "se esvaziou" (FILIPENSES 2:7). As pessoas o chamaram de glutão e bêbado (VEJA MATEUS 11:19), louco e endemoninhado (VEJA MARCOS 3:21-22), e Ele nunca abriu a boca. Porém, assim que eles disseram uma palavra contra a honra de Seu Pai, Ele não apenas abriu a boca, mas disse algumas coisas terríveis (VEJA MARCOS 11:15-18).

Por Seu Espírito, Jesus Cristo muda o nosso padrão de honra. Como discípulos, nunca devemos nos importar com o que as pessoas dizem de nós, no entanto nos importaremos tremendamente com o que as pessoas dizem acerca de Jesus Cristo; percebemos que a honra do nosso Senhor, não a nossa, está em jogo em nossa vida. O que mexe com a sua emoção? Essa é uma indicação de suas prioridades.

A calúnia deve ser tratada como você trata barro em suas roupas. Se você tenta lidar com ele enquanto está molhado, você esfrega o barro no próprio pano, impregnando-o. Porém, se deixar o barro até ele secar, você conseguirá espaná-lo com um toque. Ele desaparecerá sem deixar vestígios. Deixe a calúnia em paz; nunca toque nela.

Deixe as pessoas fazerem o que quiserem com a sua verdade, mas nunca tente explicá-la. Jesus nunca explicou coisa alguma. Nós estamos sempre explicando e nos metemos em apuros por não deixar as coisas de lado. Precisamos orar como Santo Agostinho: "Ó Senhor, livra-me desta luxúria de sempre me justificar".

Quanto a elogios, quando não temos certeza de que fizemos o certo, gostamos de descobrir o que as outras pessoas pensam. Quando temos certeza de haver feito o certo, não nos importamos se as pessoas nos elogiam ou não. O mesmo acontece quanto ao medo: todos nós conhecemos pessoas que dizem não ter medo, mas o próprio fato de dizerem isso prova que têm. Nós temos de aprender a viver em integridade o tempo todo.

Outra verdade que não percebemos o suficiente é a influência do que pensamos sobre o que dizemos. Uma pessoa pode dizer coisas maravilhosamente verdadeiras, mas o pensamento dela é o que importa. É possível dizer coisas verdadeiras de maneira verdadeira e mentir em pensamento. Eu posso repetir para outra pessoa o que ouvi você dizer, palavra por palavra, com todos os detalhes metodicamente precisos e ainda assim transmitir uma mentira ao dizê-lo, porque o temperamento da minha mente é diferente do temperamento da sua mente quando você disse aquilo. Uma mentira não é uma falta de precisão na fala; uma mentira está na motivação. Eu posso ser factualmente verdadeiro e um absoluto mentiroso. Não são as palavras literais que contam, e sim a sua influência sobre os outros.

A suspeita sempre recai sobre o diabo e é a causa de as pessoas dizerem mais do que precisam dizer. Nesse aspecto, "é do maligno". Se submetermos crianças a uma atmosfera cética, questionando tudo que elas dizem, isso incutirá nelas o hábito de respaldar o que dizem: "Pergunte a ele se não acredita em mim". Tal pensamento nunca ocorreria a uma criança naturalmente; ele ocorre quando a criança tem de falar a pessoas que suspeitam e continuamente dizem: "Agora eu não sei se o que você está dizendo é a verdade". A criança fica com a ideia de que a verdade não é dita a menos que alguém a respalde. Nunca ocorre a um coração puro e honesto confirmar o que diz. É um insulto doloroso ser encarado com suspeita e é por isso que, desde o início, uma criança nunca deve ser submetida a suspeitas.

A importância da perseguição (MATEUS 5:38-42)

Insulto • Mateus 5:38-39
Se um discípulo seguirá a Jesus Cristo, deve se preparar não apenas para pureza e prática, mas também para perseguição. A imagem que o nosso Senhor dá nessa passagem não nos é familiar. No Oriente, uma bofetada é a maior forma de insulto — para nós, isso seria o equivalente a cuspir no rosto. Epiteto, o filósofo do século primeiro nascido escravo romano, disse que um escravo preferiria ser espancado até a morte do que levar uma bofetada.

Porém, Jesus diz: "Se alguém lhe der um tapa na face direita, ofereça-lhe também a face esquerda" (v.39). O Sermão do Monte indica que, quando estamos a serviço de Jesus Cristo, não devemos dedicar tempo a nos defender. O insulto pessoal será a ocasião do santo para revelar a incrível doçura do Senhor Jesus.

O Sermão do Monte atinge onde deveria atingir, e ele sempre atinge. Basicamente, Jesus diz: "Se alguém lhe der um tapa na face direita, como meu representante, não dê atenção", isto é, demonstre uma inclinação equivalente a dar também a outra face. Ou Jesus Cristo era louco para dizer tais coisas, ou era o Filho de Deus.

Por natureza, se um homem não revida, é porque é covarde. Sobrenaturalmente, é a expressão exterior do Filho de Deus que habita nele. Os dois têm a mesma aparência; o hipócrita e o santo são iguais aos olhos do público. Os santos exibem uma mansidão que é desprezível aos olhos do mundo; essa é a imensa humilhação de ser um cristão. A nossa força tem de ser a força do Filho de Deus, e Ele "foi crucificado em fraqueza..." (2 CORÍNTIOS 13:4). Faça o impossível e, assim que o fizer, saberá que somente Deus o tornou possível.

Essas coisas se aplicam a um discípulo de Jesus e a ninguém mais. A única maneira de interpretar as palavras de Deus é deixar o Espírito Santo interpretá-las para nós. Jesus disse que o Espírito Santo traria de volta à nossa memória o que Ele disse (VEJA JOÃO 14:26), e Seu conselho é que, ao deparar-se com um insulto pessoal, você precisa não apenas não se ressentir, mas também fazer dele uma oportunidade para demonstrar o Filho de Deus.

O segredo do discipulado é a devoção pessoal a um Senhor pessoal, e nós estamos suscetíveis à mesma acusação de Jesus: a de inconsistência (embora Jesus Cristo nunca tenha sido inconsistente com Deus). Há mais de um tipo de consistência: a de uma criança pequena, que nunca é a mesma, sempre mudando e se desenvolvendo, consistentemente; e há a consistência de uma parede de tijolos, uma consistência petrificada. Os cristãos devem ser consistentes apenas com a vida do Filho de Deus habitando neles, não consistentes com credos rígidos.

As pessoas se entregam a credos, e o Deus Todo-poderoso tem de expulsá-las de seus preconceitos antes de se tornarem devotadas a Jesus Cristo. O que o pregador escocês Thomas Chalmers chamou de "o poder expulsivo de uma nova afeição" é o que o cristianismo fornece. A realidade da vida do Filho de Deus em nós deve mostrar-se na aparência de nossa vida.

O milagre da regeneração é necessário antes de podermos viver o Sermão do Monte. Somente o Filho de Deus pode vivê-lo e, se Deus pode formar em nós a vida de Seu Filho conforme foi introduzida na história humana, começamos a ver como também podemos vivê-la. A mensagem de Jesus Cristo é: "Não fique admirado por eu dizer: 'Vocês precisam nascer de novo'" (JOÃO 3:7; VEJA TAMBÉM LUCAS 1:35).

Extorsão • *Mateus 5:40*

Essa passagem descreve outra imagem desconhecida para nós, mas que tinha um tremendo significado na época do nosso Senhor. Se a túnica e a capa de um homem lhe fossem tiradas como resultado de um processo judicial, ele poderia pegar emprestada de volta a capa para dormir à noite. Jesus usa a ilustração para indicar o que encontraremos como Seus discípulos, dizendo, em essência: "Se eles lhe extorquirem alguma coisa enquanto você estiver a meu serviço, deixe-os pegar e continue a sua obra. Se você for meu discípulo, não terá tempo para defender-se".

Nunca insista em seus direitos. O Sermão do Monte não diz: "Faça a sua parte"; ele diz: "Faça o que *não* é sua parte". Nunca é a sua parte "não resistir ao perverso" (v.39) — isso só é possível para o Filho de Deus que habita em você.

Tirania • *Mateus 5:41-42*

Sob o domínio romano do território judaico, os soldados podiam obrigar qualquer um a carregar bagagem ao longo de uma milha. Simão, o Cireneu, é um exemplo disso: os soldados romanos o obrigaram a ser um carregador para Jesus Cristo (MARCOS 15:21). Nessa passagem de Mateus, Jesus diz, com efeito: "Se você é meu discípulo, sempre percorrerá a segunda milha. Você sempre fará mais do que o seu dever".

Não haverá o espírito de: "Ah, bem, não posso fazer mais nada; eles sempre me entenderam mal e me deturparam". Você percorrerá a segunda milha, não por causa deles, mas por causa de Jesus Cristo. Teríamos uma perspectiva triste se Deus não houvesse percorrido a segunda milha conosco.

A primeira coisa que Deus exige de uma pessoa é nascer do alto; então, quando o cristão anda a segunda milha por outras pessoas, quem faz isso é o Filho de Deus que habita nele. O único direito que nós, como cristãos, temos é o direito de não insistir nos nossos direitos. Toda vez que eu insisto em meus direitos, firo o Filho de Deus (VEJA HEBREUS 6:6). Posso evitar que o Filho de Deus seja ferido se eu mesmo levar os golpes, mas, se eu me recusar a levá-los, eles se voltarão contra Ele (VEJA COLOSSENSES 1:24).

O versículo 42 é uma arena para os acrobatas da teologia: "Dê a quem lhe pede e não volte as costas ao que quer lhe pedir emprestado". Essa é a afirmação de um louco ou do Deus encarnado. Sempre dizemos que não sabemos o que Jesus Cristo quer dizer, quando sabemos perfeitamente que Ele se refere a algo que é totalmente impossível se Ele não puder nos refazer e tornar aquilo possível. Com uma força tremenda, Jesus nos leva diretamente de encontro ao impossível, e, enquanto não chegarmos ao ponto de desespero, nunca receberemos dele a graça que nos capacita a fazer o impossível e manifestar o Seu Espírito.

Essas declarações de Jesus revolucionam todas as nossas concepções de caridade. Grande parte de nossa filantropia moderna é baseada na motivação de dar aos pobres porque "eles merecem" ou porque ficamos angustiados ao ver pessoas pobres. Jesus nunca ensinou a caridade por essas motivações. Sua regra era: "Dê a quem lhe pede, não porque ele merece, mas porque eu lhe digo para fazê-lo". A grande motivação para todas as doações é o mandamento de Jesus Cristo.

Podemos encontrar mil e uma razões para não obedecer aos mandamentos do nosso Senhor, porque costumamos confiar no nosso próprio raciocínio em vez de no dele, e a nossa razão não inclui Deus. Como contestamos? Perguntando coisas como: "Esse homem merece o que estou dando a ele?". Logo que você fala assim, o Espírito de Deus diz: "Quem é você? *Você* merece mais do que outras pessoas as bênçãos que você tem?".

"Dê a quem lhe pede." Por que sempre entendemos isso como dinheiro? A maioria de nós parece ter ouro nas entranhas. O nosso Senhor não faz menção a dinheiro. A razão pela qual entendemos isso como dinheiro é porque é nele que está o nosso coração. Pedro disse: "Não possuo nem prata nem ouro, mas o que tenho, isso lhe dou..." (ATOS 3:6). Queira Deus que possamos entender que o que leva a dar não é impulso, nem inclinação, e sim a inspiração do Espírito Santo. Eu dou porque Jesus me diz para fazê-lo.

A maneira como os cristãos se contorcem e buscam concessões a esse versículo provém da infidelidade à dominante providência do nosso Pai celestial. Nós entronizamos o bom-senso como Deus e dizemos: "É loucura. Se eu der a todos que pedirem, todos os mendigos da cidade estarão à minha porta". Apenas tente. Eu ainda estou para encontrar a pessoa que obedeceu ao mandamento de Jesus Cristo e não percebeu que Deus restringe quem mendiga.

Se tentarmos aplicar os princípios de Jesus Cristo literalmente, sem a habitação do Espírito, não haverá prova de que Deus está conosco. Porém, quando nos relacionarmos corretamente com Deus e permitirmos que o Espírito Santo aplique essas palavras às nossas circunstâncias, encontraremos a mão protetora de Deus. Se alguma vez o governo de Deus é visto, é visto quando um discípulo obedece aos mandamentos de Jesus Cristo.

Capítulo 3

SABEDORIA ENCARNADA E RAZÃO INDIVIDUAL
Mateus 5:43–6:34

Nós vivemos em dois universos: o universo do senso comum, no qual entramos em contato com as coisas por visão, audição, olfato, paladar e tato; e o universo da revelação, com o qual entramos em contato pela fé. A sabedoria de Deus se encaixa nos dois universos de forma precisa — um interpreta o outro.

Jesus Cristo é a expressão da sabedoria de Deus. Se tomarmos o universo do senso comum e descartarmos a revelação de Jesus Cristo, tornamos loucura o que Ele diz, porque Ele fala do universo da revelação o tempo todo. Jesus Cristo viveu no mundo da revelação que nós não vemos, e, enquanto não entramos em Seu mundo, nada entendemos de Seu ensino. Nele descobrimos que o universo da revelação e o universo do senso comum se tornaram um; se eles serão um em nós, só poderá ser por recebermos a herança de Jesus: o Espírito Santo.

No universo do senso comum, precisamos ter curiosidade intelectual, mas, quando adentramos o domínio do qual Jesus Cristo fala, a curiosidade intelectual é descartada. A obediência moral é o requisito absoluto. "Se alguém quiser fazer a vontade de Deus, conhecerá..." (JOÃO 7:17).

Para descobrir os segredos do mundo onde vivemos, precisamos trabalhar nele. Deus não nos incentiva à preguiça. Ele nos deu instrumentos pelos quais podemos explorar este universo, e nós o fazemos inteiramente por curiosidade intelectual. Porém, quando chegarmos ao domínio revelado por Jesus Cristo, nenhuma quantidade de estudo ou curiosidade servirá. As nossas faculdades de senso comum são inúteis; não podemos ver Deus ou sentir Seu sabor; podemos argumentar com Ele, mas não podemos chegar a Ele por meio dos nossos sentidos. É provável que o senso comum diga que nada existe além deste universo físico.

Então, como entrar em contato com esse outro universo ao qual Jesus Cristo pertence e a partir do qual Ele fala? Nós tocamos os fatos da revelação do universo de Deus pela fé operada em nós pelo Espírito de Deus; então, à medida que desenvolvemos o entendimento, lentamente os dois universos são unificados em nós. Eles nunca são concordantes na ausência de Jesus Cristo.

Uma compreensão da redenção não é necessária para a salvação, tanto quanto uma compreensão da vida não é necessária antes de podermos nascer para ela. Jesus Cristo não veio para fundar uma religião nem uma civilização; as duas já estavam aqui antes da Sua vinda. Jesus veio para nos tornar espiritualmente verdadeiros em todos os domínios. Em Jesus Cristo, nada havia de secular e sagrado; tudo era simplesmente verdadeiro, e Ele torna os Seus discípulos semelhantes a Ele.

Divina regra da vida (MATEUS 5:43-48)

Nesses versículos, o nosso Senhor estabelece uma regra divina que nós, pelo Seu Espírito, temos de aplicar a todas as circunstâncias e condições de nossa vida. O nosso Senhor não faz afirmações que devemos seguir literalmente; se Ele o fizesse, não cresceríamos em graça. No reino de Deus, isso é um seguimento *espiritual* e temos de depender do Seu Espírito para nos ensinar a aplicar as Suas afirmações às várias circunstâncias da nossa vida.

Exortação • Mateus 5:43-44
Aqui, a exortação do nosso Senhor é sermos generosos em nosso comportamento para com todas as pessoas, sejam elas boas ou más. A maravilha do amor divino é que Deus demonstra o Seu amor não apenas para pessoas boas, mas também para pessoas más.

Na parábola dos dois filhos, contada pelo nosso Senhor (LUCAS 15:11-32), podemos entender o pai amar o filho pródigo, mas ele também demonstra seu amor pelo irmão mais velho, por quem sentimos uma forte antipatia. Cuidado para não andar na vida espiritual segundo as suas afinidades naturais. Todos nós temos atrações naturais — gostamos de algumas pessoas e não gostamos de outras; nos damos bem com algumas pessoas, mas com outras, não. Nunca deixe que essas simpatias e antipatias sejam a regra de sua vida cristã. "Se andarmos na luz, como ele está na luz, mantemos comunhão uns com os outros..." (1 JOÃO 1:7). Isso significa que Deus nos dá comunhão com pessoas pelas quais não temos afinidade natural.

Exemplo • Mateus 5:45

Entretecida na divina regra de vida do nosso Senhor está a Sua referência ao nosso exemplo. O nosso modelo não é um homem bom, nem mesmo um bom homem cristão, mas *o próprio Deus*. Nós não permitimos que a grande surpresa disso tome conta de nossa mente.

Em nenhum lugar Jesus diz: "Siga o melhor exemplo que você tem, siga os cristãos, observe aqueles que me amam e os siga". Ele diz: "Siga o seu Pai que está nos céus". Por quê? Para que vocês possam ser boas pessoas? Para que vocês possam ser amáveis para com todas as pessoas? Não, "para demonstrarem que são filhos do Pai de vocês, que está nos céus", e isso implica em uma forte semelhança familiar com Jesus Cristo. O exemplo de um discípulo é o Deus Todo-poderoso e ninguém menos do que Ele; não é a melhor pessoa que você conhece, nem o melhor santo acerca do qual você já leu, e sim o próprio Deus.

"Para demonstrarem que são filhos do Pai de vocês, que está nos céus." A exortação do nosso Senhor a nós é amarmos os nossos semelhantes como Deus nos amou. O amor *de Deus* não é semelhante ao amor de um pai ou de uma mãe: é o amor de Deus. "Mas Deus prova *o seu próprio amor* para conosco..." (ROMANOS 5:8). O amor de Deus é revelado em Ele ter dado a Sua vida por Seus inimigos, e Jesus nos diz para amarmos aos nossos semelhantes como Deus nos amou. Como discípulos de Jesus, nós devemos nos identificar com os interesses de Deus em outras pessoas, mostrar-lhes o que Deus nos mostrou. Deus nos dará, em nossa vida real, ampla oportunidade para provar que somos perfeitos como o nosso Pai celestial é perfeito.

"Vocês ouviram o que foi dito: 'Ame o seu próximo e odeie o seu inimigo.' Eu, porém, lhes digo: amem os seus inimigos..." (MATEUS 5:43-44). Mais uma vez, quero enfatizar o fato de que o ensino de Jesus Cristo não parece, inicialmente, ser o que verdadeiramente é. A princípio, ele parece ser bonito, piedoso e morno; mas, pouco tempo depois, se torna um torpedo que rasga, dilacera e divide em átomos todas as noções preconcebidas que uma pessoa já teve.

Leva muito tempo para entendermos toda a força das afirmações do nosso Senhor. "Eu lhes digo: *amem os seus inimigos*". Isso é fácil quando você não tem inimigos, mas impossível quando os tem. "Abençoem aqueles que os amaldiçoam..." (LUCAS 6:28). É fácil quando ninguém está amaldiçoando você, mas impossível quando alguém está. "Façam o bem aos que odeiam vocês [...], orem pelos que maltratam vocês" (vv.27-28). Parece fácil fazer tudo isso quando não temos inimigos, quando ninguém está nos amaldiçoando ou perseguindo. Porém, se temos um inimigo que nos calunia, aborrece e atormenta sistematicamente, e lemos a afirmação de Jesus Cristo "Eu lhes digo: amem os seus inimigos", como faremos isso?

A menos que Jesus Cristo possa nos refazer por dentro, o Seu ensino é a maior zombaria que os ouvidos humanos já ouviram. Imagine, o Sermão do Monte ser um ideal! Ele deixa as pessoas desesperadas, que é exatamente o que Jesus quer que ele faça, porque, quando percebemos que não conseguimos amar os nossos inimigos, não conseguimos abençoar quem nos amaldiçoa, não conseguimos sequer chegar perto do padrão revelado no Sermão do Monte, *então* estamos em condições de receber de Deus a inclinação que nos capacitará a amar os nossos inimigos, orar por quem nos maltrata, fazer o bem a quem nos odeia.

"Eu lhes digo: amem os seus inimigos." Jesus não diz: "Amem a todos". A Bíblia nunca fala vagamente; ela sempre fala definidamente. As pessoas falam sobre amar "a humanidade" e amar "os perdidos". Jesus diz: "Amem os seus inimigos". O nosso Senhor não diz: "*Abençoem* os seus inimigos", mas: "*Amem* os seus inimigos". Ele não diz: "Amem aqueles que os amaldiçoam"; Ele diz: "*Abençoem* aqueles que os amaldiçoam". "*Façam o bem* aos que odeiam vocês"; não que os *abençoem*. Ele não diz: "*Façam o bem* aos que maltratam vocês", e sim: "*Orem* pelos que maltratam vocês".

Cada um desses mandamentos está carimbado com pura impossibilidade para a pessoa natural. Se invertêssemos a ordem dada por Jesus, ela poderia ser cumprida com esforço, mas, mantida a Sua ordem, eu desafio qualquer pessoa da Terra a ser capaz de cumpri-la, a menos que tenha sido regenerada por Deus Espírito Santo. Quando as pessoas amam seus inimigos, sabemos que Deus realizou uma obra tremenda nelas, e todas as outras pessoas também sabem.

Expressão • Mateus 5:46-48

O caráter cristão não é expresso por boas ações, e sim pela semelhança com Deus. Não é suficiente fazer o bem, fazer a coisa certa; nós precisamos ter a nossa bondade carimbada pela imagem e inscrição de Deus. Isso é totalmente sobrenatural.

O segredo da vida de um cristão é que o sobrenatural se torna natural pela graça de Deus. A maneira como isso é expresso não está nos nossos tempos de comunhão com Deus, e sim nos detalhes práticos da vida. A prova de que fomos regenerados é que, quando entramos em contato com as coisas que nos incomodam, descobrimos, para nosso espanto, que temos o poder de nos manter maravilhosamente bem no centro de tudo aquilo. Esse é um poder que não tínhamos antes, um poder somente explicado pela cruz de Jesus Cristo.

O versículo 48 é uma nova ênfase do versículo 20. A perfeição do versículo 48 se refere à disposição de Deus em mim ("sejam perfeitos como é perfeito o Pai de vocês, que está no céu") e não apenas em um estado futuro. O que Jesus está dizendo é: "Vocês serão perfeitos como o seu Pai que está nos Céus é perfeito, se me deixarem operar essa perfeição em vocês".

Se o Espírito Santo nos transformou por dentro, não exibiremos boas características humanas, e sim características divinas em nossa natureza humana. Há um só tipo de santidade: a santidade de Deus, e Jesus apresenta o Deus Todo-poderoso como nosso exemplo. Quantos de nós nos medimos por esse padrão, o padrão de pureza de coração no qual Deus nada pode encontrar de culpável?

Que essa regra divina do nosso Senhor nos leve ao tribunal do padrão de Jesus Cristo. A reivindicação dele é medida por essas Suas tremendas declarações. Ele pode pegar o mais vil pedaço de "vaso de barro quebrado", pode pegar você e eu e nos ajustar exatamente à expressão da vida divina em nós. Não se trata de colocar as declarações do nosso Senhor diante de nós e tentar viver em conformidade com elas, e sim de receber o Seu Espírito e descobrir que *conseguimos* viver em conformidade com elas quando Ele as traz à nossa memória e as aplica às nossas circunstâncias.

Que Deus nos conceda o corajoso alcance de fé que é necessário. "Sejam perfeitos como é perfeito o Pai de vocês, que está no céu" (v.48) — e as pessoas verão que sou um homem bom? Nunca! Se alguma vez foi dito de mim: "Que homem bom ele é!", eu fui um traidor em algum lugar. Se fixarmos os nossos olhos na nossa própria bondade, nossa vida espiritual logo apodrecerá. Toda a nossa justiça é "como trapo da imundícia" (ISAÍAS 64:6), a menos que a resplandecente santidade de Jesus em nós esteja nos unindo a Ele até não vermos nada além de Jesus em primeiro, segundo e terceiro lugar. Então, quando as pessoas nos conhecerem, não dirão que somos bons, que somos maravilhosamente limpos, e sim que Jesus Cristo fez algo maravilhoso em nós. Mantenha sempre o foco na fonte das bênçãos espirituais: o próprio Jesus Cristo.

No versículo 30, o nosso Senhor diz: "...é preferível você perder uma parte do seu corpo do que o corpo inteiro ir para o inferno". Aqui, Ele está se referindo a uma vida *mutilada*. No versículo 48, Ele diz: "...sejam perfeitos como é perfeito o Pai de vocês, que está no céu". O nosso Pai celestial é mutilado? Ele tem um braço direito cortado, um olho direito arrancado? Não; no versículo 48, Jesus completa o quadro que começou a elaborar no versículo 30.

As declarações do nosso Senhor abrangem toda a vida espiritual, do início ao fim. Nos versículos 29 e 30, Ele retrata uma vida mutilada; no versículo 48, retrata uma vida plena de santidade. Santidade significa um equilíbrio perfeito entre a minha inclinação e as leis de Deus. A vida mutilada é a característica do início; se não tivemos essa característica, é questionável se já recebemos o Espírito Santo.

O que o mundo chama de fanatismo é a entrada para a vida. Nós temos de começar a nossa vida com Deus como alma mutilada; o balanço do pêndulo nos faz ir ao extremo oposto do que fomos na vida mundana. Nós temos muito medo de ser fanáticos; quisera Deus que tivéssemos igual medo de ser monótonos e chatos. Deveríamos mil vezes mais ser, em vez disso, fanáticos no início do que criaturas estúpidas, vacilantes e inúteis a vida toda. Que possamos chegar ao ponto de estar dispostos a cortar o braço direito, arrancar o olho direito, entrar na vida espiritual mutilados, havendo cortado o que foi necessário, por mais bonito que seja. E, bendito seja o nome de Deus, descobriremos que Ele levará à completa unidade toda vida que obedecer a Ele.

Sempre seja complacente com as pessoas quando elas tiverem acabado de entrar na vida espiritual — elas têm que entrar na linha fanática. O perigo é elas ficarem muito tempo na fase do fanatismo. Quando o fanatismo ultrapassa os limites, torna-se loucura espiritual. No início da vida na graça, temos de nos limitar em tudo, tanto nas coisas certas quanto nas erradas; mas se, quando Deus começa a nos tirar da luz das nossas convicções para a luz do Senhor, preferimos permanecer fiéis às nossas convicções, tornamo-nos loucos espirituais. Andar na luz das convicções é um estágio necessário, mas há uma luz mais grandiosa, mais pura e mais séria na qual caminhar: a luz do Senhor.

Como somos impacientes! Quando vemos uma vida nascida do alto pelo Espírito e as necessárias limitações, separações e mutilações ocorrendo, tentamos fazer a obra de Deus para Ele. Então, Deus tem de nos bater com força com os nós dos dedos e dizer: "Deixe essa alma aos *meus* cuidados". Sempre permita a oscilação do pêndulo em você e nos outros. Um pêndulo não oscila uniformemente no início; ele começa com uma tremenda oscilação para um dos extremos e só volta ao equilíbrio correto gradualmente. É assim que o Espírito Santo traz a graça de Deus sobre a nossa vida. "Não anulo a graça de Deus" (GÁLATAS 2:21), diz Paulo.

Divina região da religião (MATEUS 6:1-18)

Em Mateus 5, o nosso Senhor exige que as nossas inclinações sejam corretas com Ele em nossa vida natural, comum vivida para as pessoas; em Mateus 6, Ele trata do domínio da nossa vida vivida para Deus diante das pessoas. A ideia principal na região da religião é ter *seus olhos em Deus, não nas pessoas.*

Filantropia • *Mateus 6:1-4*
Estava arraigado, por assim dizer, no sangue dos judeus cuidar dos estrangeiros (VEJA DEUTERONÔMIO 15:7-8; LEVÍTICO 19:9-10).

Na época do nosso Senhor, os fariseus exibiam um tremendo espetáculo de doação, mas davam por encenação motivados pela chance de "receber glória dos homens". No pátio das mulheres, no Templo, eles colocavam seu dinheiro nos gazofilácios com um grande clangor, que soava como uma trombeta. Jesus nos diz para não darmos assim, com a motivação de sermos vistos pelas pessoas e conhecidos como doadores generosos, porque "Em verdade lhes digo que eles já receberam a sua recompensa" (v.2). Isso é tudo.

Em breve resumo, esses versículos significam o seguinte: ao dar, não tenha outra motivação exceto a de agradar a Deus. Na filantropia moderna, somos estimulados por outras motivações: "Isso lhes fará bem"; "Eles precisam de ajuda"; "Eles merecem". Jesus Cristo nunca traz à tona esses aspectos em Seu ensino; Ele não permite outra motivação para dar senão agradar a Deus.

Em Mateus 5, Jesus diz, basicamente: "Deem porque eu lhes digo para fazê-lo". Aqui, Ele nos ensina a não ter motivações mistas. É muito penetrante fazer a nós mesmos a pergunta: "Qual foi a minha motivação ao realizar esse ato bondoso?". Ficaremos surpresos ao descobrir quão raramente o Espírito Santo tem uma chance de consertar as nossas motivações de estarmos bem com Deus; nós as misturamos com mil e uma outras considerações. Jesus Cristo deixa tudo muito simples — uma única motivação: seus olhos em Deus. Em essência, Ele diz: "Se você for meu discípulo, nunca dará com qualquer outra motivação que não seja a de agradar a Deus". A característica de Jesus em um discípulo é muito mais profunda do que fazer coisas boas: é a bondade na motivação, porque o discípulo se tornou amado pela graça sobrenatural de Deus.

"Mas, ao dar esmola, que a sua mão esquerda ignore o que a mão direita está fazendo" (v.3), isto é, faça o bem até que isso se torne um hábito inconsciente de vida e você sequer saiba que está fazendo. Nesse ponto, você ficará confuso quando Jesus Cristo o detectar. "Quando foi que vimos o senhor com fome e lhe demos de comer? [...] Sempre que o fizeram a um destes meus pequeninos irmãos, foi a mim que o fizeram" (MATEUS 25:37,40). Essa é a interpretação magnânima do nosso Senhor acerca de atos de bondade que as pessoas jamais se permitiram sequer pensar.

Desenvolva o hábito de ter tal relacionamento com Deus que você faça o bem sem saber. Então, não confiará mais em seu próprio impulso ou julgamento: confiará apenas na inspiração do Espírito de Deus. A mola propulsora das suas motivações será o coração do Pai, não o seu; o entendimento do Pai, não o seu. Quando você se relacionar corretamente com Deus, Ele usará você como um canal pelo qual fluirá a Sua inclinação.

Oração • Mateus 6:5-15

Jesus diz que a oração deve ser encarada da mesma forma que a filantropia — com os olhos em Deus, não nas pessoas. Observe a sua motivação diante do Senhor; na oração, não tenha outra motivação além de conhecê-lo. As declarações de Jesus acerca de oração, tão familiares para nós, são revolucionárias. Pare um momento e pergunte a si mesmo: "Por que eu oro? Qual é a minha motivação? É porque eu tenho um relacionamento secreto pessoal com Deus que ninguém além de mim conhece?".

Os fariseus eram obrigados a orar várias vezes por dia e se certificavam de estar no meio da cidade quando chegasse a hora da oração; então, de maneira ostensiva, se entregavam à oração. Basicamente, Jesus diz: "Vocês não devem ser como os hipócritas; a motivação deles é ser conhecidos como pessoas de oração e, verdadeiramente, já têm sua recompensa".

O nosso Senhor não disse que era errado orar nas esquinas, e sim que a motivação de "ser visto pelos homens" era errada. "Mas, ao orar, entre no seu quarto e, fechada a porta, ore ao seu Pai, que está em secreto", isto é, arranje um lugar de oração onde ninguém imagine que é isso que você está fazendo. Feche a porta e fale com Deus em segredo. É impossível viver a vida de um discípulo sem momentos definidos de oração secreta.

Você descobrirá que o lugar para se "entrar" está na sua empresa, enquanto caminha pelas ruas, nos modos triviais da vida, quando ninguém sonha que você está orando. Então, a recompensa vem abertamente: um avivamento aqui, uma bênção ali. Os escoceses têm um provérbio: "Guarde um pouco para si mesmo"; à medida que você avança com Deus, aprende cada vez mais a manter esse relacionamento secreto com Deus em oração.

Quando oramos, damos a Deus uma chance de operar no reino inconsciente da vida das pessoas por quem oramos. Quando entramos no lugar secreto, o que está em ação é a paixão do Espírito Santo pelas almas, não a nossa própria paixão, e Ele pode operar por nosso intermédio como desejar. Grupos religiosos podem produzir paixão pelas almas;

o Espírito Santo produz paixão por Cristo. A grande paixão dominante ao longo de todo o Novo Testamento é pelo nosso Senhor Jesus Cristo.

Jesus ensinou também aos discípulos a oração da paciência. Se você está em retidão para com Deus e Ele tarda a resposta óbvia à sua oração, não o julgue mal, não pense nele como um amigo indelicado, um pai antinatural ou um juiz injusto. Continue; certamente, a sua oração será respondida, "Pois todo o que pede recebe..." (MATEUS 7:8). "[Os homens] deviam orar sempre e nunca desanimar" (LUCAS 18:1), isto é, não ceder. Jesus parece dizer: "Certo dia, o seu Pai celestial explicará tudo. Ele não pode fazê-lo agora porque está desenvolvendo o seu caráter".

No versículo 8 do trecho em questão, Jesus vai à raiz de toda oração: "...o Pai de vocês sabe o que vocês precisam, antes mesmo de lhe pedirem". O senso comum diz: "Então, por que pedir a Ele?". Porém, oração não é apenas obter coisas de Deus; esse é o estágio mais inicial. Orar é entrar em perfeita comunhão com Deus; eu digo a Ele o que sei que Ele sabe, para que eu possa conhecer como Ele conhece. Essencialmente, Jesus diz: "Ore porque você tem um Pai, não porque isso o acalma, e dê a Ele tempo para responder". Se a vida de Jesus é formada em mim por regeneração e eu estou respirando no temor do Senhor, o Filho de Deus se antecipará ao meu senso comum e mudará a minha atitude em relação às coisas.

A maioria de nós comete o erro de depender do nosso próprio fervor, e não de Deus. A confiança em Jesus é o que conta (VEJA 1 JOÃO 5:14). Todo o nosso alvoroço ou fervor e todos os nossos dons de oração são inúteis para Jesus Cristo.

Ele não presta atenção a eles. Se você tem um dom de oração, que Deus diminua esse dom até você aprender como fazer com que as suas orações sejam inspiradas por Deus Espírito Santo. Quando nós oramos, confiamos em Deus ou no nosso próprio fervor? Deus nunca se impressiona com o nosso fervor; nós não somos ouvidos por sermos fervorosos, e sim apenas por causa da redenção, "...tendo ousadia para entrar no Santuário, pelo sangue de Jesus" (HEBREUS 10:19), e de nenhuma outra maneira.

"O Pai de vocês sabe o que vocês precisam." Basicamente, Jesus nos diz: "Lembre-se: seu Pai tem profundo e divino interesse em você, e a oração se torna a conversa de uma criança com seu pai". Nós temos a tendência de levar a sério tudo e todos, exceto Deus; o nosso Senhor não levava a sério coisa alguma nem ninguém, a não ser Seu Pai e nos ensina a ser como crianças diante das outras pessoas, mas fervorosos diante do nosso Pai celestial. Perceba a simplicidade essencial de todo o ensino do nosso Senhor — correto para com Deus, correto para com Deus.

Penitência • Mateus 6:16-18
Penitência significa colocar-nos em uma camisa de força para disciplinar o nosso caráter espiritual. A preguiça física perturbará a nossa devoção espiritual mais rapidamente do que qualquer outra coisa. Se o diabo não conseguir nos atingir por indução ao pecado, nos atingirá por meio de uma doença de sono espiritual: "Ora, você não pode levantar-se pela manhã para orar. Você está trabalhando duro o dia todo e não pode dedicar esse tempo à oração. Deus não espera isso de você". Jesus diz que Deus *espera* isso de nós.

Penitência significa impor ao corpo um sofrimento para desenvolver a vida espiritual. Coloque sua vida sob disciplina, mas não diga uma palavra a respeito disso — "[não pareçam] aos outros que estão jejuando..." (v.18). Jeremy Taylor, clérigo do século 17, disse que as pessoas penduram do lado de fora o sinal do diabo para provar que há um anjo do lado de dentro; isto é: ostentam rostos tristes e parecem tremendamente severas para provar que são santas. Quanto a isso, Jesus ensinou Seus discípulos a serem dissimulados: "Mas você, quando jejuar, unja a cabeça e lave o rosto" (v.17); ou seja: nunca permita que alguém imagine que você está se submetendo a uma disciplina.

Se contarmos aos outros a disciplina pela qual nos submetemos para impulsionar a nossa vida com Deus, a partir desse momento a disciplina se torna inútil. O nosso Senhor nos aconselha a ter um relacionamento com Deus que os nossos amigos mais queridos da Terra jamais seriam capazes de imaginar. Quando você jejuar, jejue para o seu Pai em secreto, não diante das pessoas.

Não faça de si mesmo um mártir barato e nunca peça piedade. Se você está passando por um período de disciplina, finja que não está — "não [pareça] aos outros que você está jejuando" (v.18). O Espírito Santo aplicará isso a cada um de nós. Há linhas de disciplina, linhas de limitação — física, mental e espiritual — e o Espírito Santo dirá: "Você não deve se permitir isso e aquilo". Os jejuns exteriores, destinados à exibição, são inúteis; o que conta é o jejum interior.

O jejum de alimentos pode ser difícil para alguns, mas é brincadeira de criança se comparado ao jejum para o desenvolvimento do propósito de Deus em sua vida.

Jejum significa concentração. Cinco minutos de atenção ao que Jesus diz e uma sólida concentração nisso resultariam em uma interação tal com Deus que terminaria em santificação.

"Não fiquem com uma aparência triste, como os hipócritas; porque desfiguram o rosto a fim de parecer aos outros que estão jejuando" (v.16). Que Deus destrua para sempre, como Tennyson descreveu, "a dor que suga a mente", como também a nossa luxúria de sofrimento e introspecção mórbida a que nos entregamos para desenvolver a santidade. Em vez disso, tenhamos os rostos resplandecentes que pertencem aos filhos de Deus: "Os que olham para ele ficarão radiantes..." (SALMO 34:5).

Raciocínios divinos da mente (MATEUS 6:19-24)

É um estudo frutífero descobrir o que o Novo Testamento diz acerca da mente. Por intermédio dos diferentes escritores, o Espírito de Deus vem com uma única insistência resoluta para despertar a nossa mente (VEJA, POR EXEMPLO, FILIPENSES 2:5; 2 PEDRO 1:12-13). Satanás vem como um "anjo de luz" somente para os cristãos cujo coração está reto, mas cuja mente não está agitada. Nesses versículos de Mateus 6, o nosso Senhor lida com a mente e nos diz como devemos pensar e raciocinar acerca das coisas. Se não aprendermos a pensar em obediência ao ensino do Espírito Santo, vagaremos em nossa experiência espiritual sem qualquer pensamento. A confusão surge quando tentamos pensar e raciocinar sem o Espírito de Deus.

Doutrina do Depósito • *Mateus 6:19-21*

O Espírito Santo nos ensina a fixar o nosso pensamento em Deus. Depois, quando tratamos de propriedades, dinheiro e tudo que tem a ver com os assuntos da Terra, Ele nos lembra de que o nosso verdadeiro tesouro está no Céu. Todo esforço para persuadir a mim mesmo de que o meu tesouro está no Céu é um sinal seguro de que não está. Quando a minha motivação for corrigida, ela corrigirá o meu pensamento.

"Mas ajuntem tesouros no céu..." (v.20), isto é, tenha sua conta bancária no Céu, não na Terra. Deposite sua confiança em Deus, não no seu senso comum. A *prova* da sua fé é o que o torna rico (VEJA 1 PEDRO 1:7), e funciona assim: toda vez que você se aventurar na vida de fé, encontrará algo em sua vida real que parece contradizer totalmente o que a sua fé em Deus diz que você deve crer. Passe pela prova da fé e deposite sua confiança em Deus, não no seu senso comum; você conquistará riqueza em sua conta bancária celestial e, quanto mais você passar pela prova da fé, mais rico se tornará nas regiões celestiais. Por fim, você sorrirá em meio às dificuldades e as pessoas se perguntarão de onde vem a sua riqueza de confiança.

Trata-se de uma prova de fé constante. Para o cristão, o conflito não é com o pecado, e sim um conflito sobre a vida natural ser transformada em vida espiritual. A vida natural não é pecaminosa; a inclinação que rege a vida natural é pecaminosa. Quando Deus muda essa inclinação, nós temos de transformar a vida natural em espiritual por um processo constante de obediência a Deus, e, para fazer isso, é preciso concentração espiritual em Deus. Para ter sucesso em qualquer coisa deste mundo, você precisa concentrar-se nela, praticá-la, e o mesmo se aplica espiritualmente.

Para concentrar-se em Deus, você descobrirá que há muitas coisas que você não pode fazer. Elas podem ser perfeitamente legítimas e corretas para os outros, mas não para você se quiser se concentrar em Deus. Nunca deixe a limitação da sua consciência condenar outra pessoa. Mantenha o relacionamento pessoal e certifique que você mesmo esteja concentrado em Deus — não nas suas convicções ou no seu ponto de vista, mas em Deus. Sempre que você estiver em dúvida acerca de algo, leve-o à conclusão lógica: "Este é o tipo de coisa que Jesus Cristo busca, ou o tipo de coisa que Satanás busca?". Assim que a sua decisão for tomada, aja de acordo.

Doutrina da Divisão • Mateus 6:22-23

No versículo 22, o nosso Senhor está usando o olho como símbolo da consciência em uma pessoa retificada pelo Espírito Santo. Um olho único é essencial para a compreensão correta. Uma única ideia percorre todo o ensinamento do nosso Senhor: estar em retidão com Deus em primeiro, segundo e terceiro lugares. Se renascemos do Espírito Santo, não persuadimos a nós mesmos de que estamos em retidão para com Deus — estamos em retidão para com Ele porque fomos endireitados pelo Espírito Santo. Então, se andarmos na luz como Deus está na luz, isso manterá o olho único e, lenta e seguramente, todos os nossos atos começarão a ser levados ao relacionamento correto. Tudo se torna repleto de harmonia, simplicidade e paz.

Ninguém tem uma motivação única se não nasceu do alto; nós temos ambições únicas, mas não motivações únicas. Jesus Cristo é o único que tem uma motivação única e, quando o Seu Espírito entra em nós, a primeira coisa que Ele faz é nos tornar pessoas com uma motivação única, um olhar exclusivo para a glória de Deus. A motivação única de Jesus é transformar as pessoas em filhos de Deus, e a motivação única de um discípulo é glorificar a Jesus Cristo.

"Portanto, se a luz que existe em você são trevas, que grandes trevas serão!" As trevas são meu ponto de vista, o meu direito a mim mesmo; a luz é o ponto de vista de Deus. Jesus Cristo definiu muito bem a linha de demarcação entre a luz e as trevas. O perigo é que essa divisão se torne indistinta. Jesus disse: "Os homens amaram mais as trevas do que a luz, porque as suas obras eram más" (JOÃO 3:19).

Doutrina da separação • *Mateus 6:24*
"Vocês não podem servir a Deus e às riquezas." Uma pessoa do mundo, seja homem ou mulher, dirá que podemos: com um pouco de sutileza, sabedoria e concessão (chamada de "diplomacia" ou "tato"), servir tanto a Deus quanto às riquezas. A tentação do diabo ao nosso Senhor de se prostrar e adorá-lo (isto é, fazer concessão) é repetida várias vezes na experiência cristã. Nós temos de perceber que, entre o cristão e o mundo, há uma divisão tão alta quanto o Céu e tão profunda quanto o inferno. "Aquele, pois, que quer ser amigo do mundo se torna inimigo de Deus" (TIAGO 4:4).

Essa doutrina da separação é um tema fundamental do nosso Senhor e percorre todo o Seu ensino. Você não pode ser bom e mau ao mesmo tempo; não pode servir a Deus e buscar o seu próprio benefício a partir do serviço; não pode fazer da "honestidade como a melhor política" uma motivação, porque, assim que o faz, deixa de ser honesto.

O questionamento pelo qual o Espírito de Deus faz as pessoas passarem é o mais severo da Terra: "Por que você está estudando para o ministério, para ser um missionário, um pregador do evangelho?". Deve haver uma única consideração: estar em retidão para com Deus. Quando virmos que esse relacionamento é a única coisa que nunca esmaece, todas as outras coisas se corrigirão. Porém, assim que perdemos de vista aquele relacionamento, uma infinidade de motivações entra em ação, e você logo se desgasta.

Nunca faça concessões ao espírito de Mamom (riquezas). Quando você está em retidão para com Deus, se torna desprezível aos olhos do mundo. Coloque em prática qualquer ensinamento do Sermão do Monte e, de início, você será tratado com jocosidade; então, se persistir, o mundo ficará incomodado e o detestará.

O que acontecerá, por exemplo, se você aplicar o ensinamento de Jesus Cristo aos negócios? Não tanto sucesso quanto você esperaria receber em troca. Esta não é a era da glorificação dos santos, e sim a era da sua humilhação. Você está preparado para seguir a Jesus Cristo fora do acampamento, o acampamento especial ao qual você pertence?

"Vocês não podem servir a Deus e a Mamom." O que é Mamom? O sistema de vida civilizada que se organiza sem considerar Deus. Nós temos de permanecer absolutamente fiéis aos métodos de Deus. Graças a Deus por todos que aprenderam que o amigo mais querido na Terra é uma mera sombra em comparação com Jesus Cristo. É preciso haver uma devoção dominante, pessoal e apaixonada a Ele, e só então estarão corretos todos os outros relacionamentos (VEJA LUCAS 14:26).

Jesus Cristo não está ensinando integridade comum, e sim integridade supranormal, uma semelhança com o nosso Pai celestial. No início da nossa vida espiritual, precisamos levar em conta a oscilação do pêndulo. Não é por acaso, e sim pelo propósito estabelecido de Deus, o fato de irmos, na reação, ao extremo oposto de tudo que éramos antes. Deus nos separa da antiga vida bruscamente, não gradualmente, e Ele nos traz de volta ao domínio das pessoas somente quando estamos em retidão com Ele; nós devemos estar *no* mundo, mas não ser do mundo. Quando nos tornamos maduros em piedade, Deus nos confia a Sua própria honra colocando-nos onde poderemos ser tentados pelo mundo, pela carne e pelo diabo, sabendo que "...aquele que está em [nós] é maior do que aquele que está no mundo" (1 JOÃO 4:4).

Divinos raciocínios de fé (MATEUS 6:25-34)

A fé é a nossa confiança pessoal em um Ser cujo caráter conhecemos, mas cujos caminhos não conseguimos acompanhar pelo senso comum. Por "raciocínios de fé", eu quero dizer o resultado prático, na nossa vida, de uma confiança implícita e determinada em Deus. O senso comum é matemático; a fé não é — ela funciona em linhas ilógicas. Jesus Cristo coloca a maior ênfase na fé e o faz especialmente quanto à fé que foi provada.

Ter fé testa todo o valor das pessoas. Elas têm de permanecer no universo do senso comum, em meio a coisas que conflitam com a sua fé, e depositar a sua confiança no Deus cujo caráter é revelado em Jesus Cristo. As afirmações de Jesus Cristo revelam que Deus é um ser de amor, justiça e verdade; os acontecimentos factuais de nossas circunstâncias imediatas parecem provar que Ele não é. Permaneceremos fiéis à revelação de que Deus é bom? Seremos fiéis à Sua honra, aconteça o que acontecer no domínio factual? Se formos, descobriremos que, em Sua providência, Deus faz os dois universos — o universo da revelação e o universo do senso comum — funcionarem juntos em perfeita harmonia. A maioria de nós é irreligiosa em uma crise; pensamos e agimos como incrédulos. Apenas um em cem é suficientemente ousado para depositar a sua fé no caráter de Deus.

Para a compreensão em assuntos espirituais, a Regra de Ouro não é intelecto, e sim obediência. No mundo espiritual, o discernimento nunca é obtido por intelecto; isso só ocorre no mundo do senso comum. Se uma pessoa quer conhecimento científico, a curiosidade intelectual é o guia; porém, se ela quer compreender o que Jesus Cristo ensina, isso só pode vir por obediência.

Se as coisas estão obscuras para nós espiritualmente, é porque há algo que não queremos fazer. Trevas intelectuais vêm por causa de ignorância; trevas espirituais vêm por causa de algo que eu não pretendo obedecer.

Despreocupação cuidadosa • ***Mateus 6:25***
Jesus não diz: "Bem-aventurado aquele que não pensa em *coisa alguma*". Essa pessoa é um tolo. Basicamente, Jesus diz: "Seja cuidadosamente despreocupado com tudo, exceto uma coisa: o seu relacionamento com Deus". Isso significa

sermos diligentemente cuidadosos em ser despreocupados acerca de como nos posicionamos em relação aos próprios interesses, aos alimentos, às roupas, por uma única razão: estarmos determinados a cuidar do nosso relacionamento com Deus.

Muitas pessoas são despreocupadas com o que comem e bebem e sofrem por isso. Algumas são despreocupadas com o que vestem, e sua aparência é a de quem não tem o direito de ficar apresentável. Ainda outras são despreocupadas com as propriedades, e Deus as responsabiliza por isso. Jesus está dizendo que a grande preocupação da vida é colocar o relacionamento com Deus em primeiro lugar e tudo mais em segundo lugar. O nosso Senhor ensina uma total inversão de todo o nosso raciocínio sensato prático.

Não torne o fator dominante de sua vida o que você comerá ou beberá; faça com que o único objetivo de sua vida seja uma zelosa concentração em Deus. O único abandono dominante de nossa vida deve ser a concentração em Deus, de modo que toda outra despreocupação seja, comparativamente, despreocupada. Em Lucas 14:26, o nosso Senhor estabelece as condições do discipulado, dizendo que a primeira condição é a devoção pessoal e apaixonada a Ele até que qualquer outra devoção seja, comparativamente, ódio.

"Não se preocupem com a sua vida." Assim que olhamos para essas palavras do nosso Senhor, as vemos como a mais revolucionária das afirmações. Até mesmo o mais espiritual de nós argumenta exatamente o oposto: "Eu *preciso* viver, *preciso* ganhar tanto dinheiro, *preciso* ser vestido e alimentado". É assim que começa: a grande preocupação da vida não é Deus, e sim como vamos nos equipar para viver.

Porém, Jesus Cristo diz: "Inverta a ordem: primeiramente, relacione-se corretamente comigo, cuide de manter isso como o grande cuidado de sua vida, e nunca concentre as suas preocupações nas outras coisas". É uma disciplina severa permitir que o Espírito Santo nos coloque em harmonia com o ensino de Jesus contido nesses versículos.

Irracionalidade cuidadosa • *Mateus 6:26-29*

Jesus declara que não é razoável que um discípulo se preocupe com tudo que a pessoa natural diz que precisamos nos preocupar. "Observem as aves do céu, que não semeiam, não colhem, nem ajuntam em celeiros. No entanto, o Pai de vocês, que está no céu, as sustenta. Será que vocês não valem muito mais do que as aves? [...] Observem como crescem os lírios do campo: eles não trabalham, nem fiam. Eu, porém, afirmo a vocês que nem Salomão, em toda a sua glória, se vestiu como qualquer deles."

Jesus não usa a ilustração dos pássaros e das flores por acaso. Ele a usa propositalmente, para mostrar, a partir do Seu ponto de vista, a total irracionalidade de ficar tão ansioso quanto aos meios de vida. Imagine os pardais, melros e tordos se preocupando com suas penas! Jesus diz que eles não se preocupam nem um pouco consigo mesmos; o que os torna o que são não é pensarem em si mesmos, e sim no Pai celestial.

Um pássaro é uma criaturinha trabalhadora, mas ele não trabalha por suas penas; obedece à lei de sua vida e se torna o que é. O argumento de Jesus Cristo é que, se nos concentrarmos na vida que Ele nos dá, seremos perfeitamente livres para todas as outras coisas, porque o nosso Pai está observando a vida interior. Nós temos de manter a obediência ao Espírito Santo, que é o verdadeiro princípio da nossa vida, e então Deus suprirá as "penas". Não valemos "muito mais do que as aves"?

É inútil confundir uma cuidadosa reflexão sobre as circunstâncias com o que produz caráter. Não somos capazes de produzir uma vida interior observando sempre o exterior. Jesus diz: "Como discípulo, considere a sua vida oculta com Deus; preste atenção à Fonte, e Deus cuidará do fluir".

O lírio obedece à lei de sua vida no ambiente em que é colocado. Imagine um lírio arrastando-se para fora de seu vaso e dizendo: "Acho que meu lugar não é bem aqui". O dever do lírio é obedecer à lei de sua vida onde ele é colocado pelo jardineiro. Jesus diz: "Vigie a sua vida com Deus. Cuide para que ela seja reta e você crescerá como o lírio".

Todos nós somos inclinados a dizer: "Eu estaria bem se estivesse em outro lugar". Só existe uma maneira de desenvolver-se espiritualmente: concentrando-se em Deus. Não se preocupe se você está crescendo em graça ou se está sendo útil para os outros. Apenas creia em Jesus e de você "fluirão rios de água viva" (JOÃO 7:38).

"Observem como crescem os lírios do campo": eles simplesmente *são*. Veja o mar, o ar, o Sol, as estrelas e a Lua: todos eles *são*, e que ministério eles têm! Com muita frequência, por nosso esforço autoconsciente de sermos consistentes e úteis, estragamos a influência que Deus designou para nós. Parece irracional esperar que uma pessoa observe os lírios, mas essa é a única maneira pela qual ela pode crescer em graça.

O argumento de Jesus Cristo é que os homens e mulheres que estão concentrados em seu Pai celestial são os mais aptos a fazer a obra do mundo. Eles não têm segundas intenções em organizar suas circunstâncias para produzir um bom caráter. Eles sabem que isso não pode ser feito dessa maneira. Como você deve crescer no conhecimento de Deus? Permanecendo onde está e lembrando-se de que o seu Pai sabe onde você está e as circunstâncias em que você se encontra. Mantenha-se concentrado nele e você crescerá espiritualmente como o lírio cresce fisicamente.

"Quem de vocês, por mais que se preocupe, pode acrescentar um côvado ao curso da sua vida?" (v.26). Jesus está falando a partir do domínio dos fatos mais básicos. Quantas pessoas nascem no mundo por terem refletido? As fontes da vida natural não podem ser alcançadas pelo raciocínio do senso comum e, quando você lida com a vida de Deus em sua alma, Jesus diz, em essência: "Lembre-se de que o seu crescimento em graça não depende de você se preocupar com isso, e sim da sua concentração em seu Pai celestial".

Perceba a diferença entre as ilustrações usadas por *nós* ao falar de crescimento espiritual e as ilustrações usadas por *Jesus*. Nós tiramos as nossas ilustrações de empresas de engenharia, de automóveis, de aviões e assim por diante, coisas que chamam a nossa atenção. Jesus Cristo tirava as Suas ilustrações da obra de Seu Pai, de pardais e flores, coisas que nenhum de nós sequer sonha perceber porque estamos todos sem fôlego, cheios de emoção e apressados. Podemos raciocinar até ficarmos com o rosto azulado, mas Jesus diz que, dessa maneira, não conseguiremos acrescentar alguns centímetros à nossa estatura. Não podemos nos desenvolver espiritualmente de outra maneira que não seja como Ele nos diz: pela concentração em Deus.

O conselho do nosso Senhor aos Seus discípulos é: Seja como o lírio e a estrela. Quando nascemos do alto, tendemos a nos tornar policiais morais, pessoas que, inconscientemente, se apresentam como melhores do que as outras. Podemos nos tornar esnobes espirituais intoleráveis. Quem são as pessoas que mais nos influenciam? As que nos agarram pelo casaco ou as que vivem a vida como as estrelas nos céus e os lírios no campo, perfeitamente simples e sem afetação? Estas são as vidas que nos moldam: nossa mãe, esposa e amigos que são da ordem que o Espírito Santo produz.

Se você quer ser útil, relacione-se corretamente com Jesus Cristo. Ele o fará útil inconscientemente a cada momento que você viver. A condição é crer nele.

Infidelidade cuidadosa • *Mateus 6:30-32*

Suponha que Jesus lhe diga para fazer algo que seja um enorme desafio ao seu senso comum. O que você fará? Ficará parado? Uma vez que os seus nervos estão habituados a fazer alguma coisa física, você fará isso todas as vezes enquanto não romper o hábito deliberadamente. O mesmo é válido espiritualmente.

Repetidamente, como um corredor que não salta um obstáculo, chegaremos perto do que Jesus deseja e voltaremos, até rompermos esse hábito e, resolutamente, abandoná-lo. Jesus Cristo exige da pessoa que confia nele o mesmo espírito esportivo ousado que as pessoas naturais exibem na vida. Se alguém fará algo que valha a pena, há momentos em que essa pessoa tem de arriscar tudo em um salto, e, no mundo espiritual, Jesus Cristo exige que arrisquemos tudo a que nos apegamos pelo nosso senso comum e saltemos para o que Ele diz. Assim que o fazemos, descobrimos que o que Ele diz é tão adequado quanto o nosso senso comum.

Seguir Jesus Cristo é um risco, sem dúvida. Precisamos entregar tudo a Ele, e é aí que entra a nossa infidelidade. Se não confiarmos no que não somos capazes de ver, se não cremos no que não conseguimos rastrear, o nosso discipulado está no fim. A grande palavra de Jesus aos Seus discípulos é *abandono*. Quando Deus nos leva ao relacionamento de discípulos, temos que arriscar tudo na Sua Palavra. Precisamos confiar inteiramente nele e cuidar para que, quando Ele nos levar à empreitada, a aceitemos.

Em uma pessoa cujo Espírito de Deus habita, Jesus resume os cuidados com o senso comum como infidelidade. Se, após haver recebido o Espírito Santo, você tentar colocar em primeiro lugar outras coisas em vez de Deus, encontrará confusão. O Espírito Santo pressiona e diz: "Onde Deus importa neste novo relacionamento? Nessas férias planejadas? Nesses livros novos que você está comprando?". O Espírito Santo sempre toca nesse ponto enquanto não aprendemos a fazer da concentração em Deus a nossa primeira consideração. Preocupar-se não é apenas errado: é uma verdadeira infidelidade, porque significa que não cremos que Deus seja capaz de cuidar dos pequenos detalhes práticos da nossa vida. Nunca é outra coisa que nos preocupa.

Perceba o que Jesus disse que sufocaria a palavra que Ele coloca em nós. O diabo? Não, os cuidados deste mundo. É assim que começa a infidelidade. São "as raposinhas, que devastam os vinhedos" (CÂNTICO DOS CÂNTICOS 2:15), sempre as pequenas preocupações. A grande cura para a infidelidade é a obediência ao Espírito de Deus. Recuse-se a ser inundado pelos cuidados deste mundo, corte o que não é essencial, revise continuamente o seu relacionamento com Deus e cuide de estar totalmente concentrado nele.

As pessoas que confiam em Jesus Cristo de maneira prática e definida são mais livres do que qualquer outra para viver no mundo. Livres de aflições e preocupações, elas podem entrar com absoluta certeza na vida diária, porque a responsabilidade sobre sua vida não é delas, e sim de Deus. Se aceitamos a revelação de Jesus Cristo de que Deus é nosso Pai e que nunca conseguiremos pensar em algo que Ele esquece, preocupar-se torna-se impossível.

Consagração concentrada • *Mateus 6:33-34*
"Mas busquem em primeiro lugar o Reino de Deus e a sua justiça, e todas estas coisas lhes serão acrescentadas." "Busquem em primeiro lugar o reino de Deus". Nós pensamos: "Mas, suponhamos que eu o faça... Como fica isso e aquilo? Quem cuidará de mim? Eu gostaria de obedecer a Deus, mas não me peça para dar um passo no escuro". Nós entronizamos o senso comum como Deus Todo-poderoso e tratamos Jesus Cristo como um apêndice espiritual dele. Jesus Cristo bate extremamente forte em cada uma das instituições nas quais depositamos naturalmente toda a nossa fé. A ideia de seguro e propriedade de bens é um dos maiores obstáculos ao desenvolvimento na vida espiritual. Você não pode fazer uma reserva para tempos de necessidade se estiver confiando em Jesus Cristo.

O nosso Senhor ensina que o único grande segredo da vida espiritual é a concentração em Deus e nos Seus propósitos. Fala-se muito em consagração, mas tudo acaba em sentimentalismo, por não haver algo definido sobre ela. Consagração deve significar a entrega definitiva de nós mesmos, como almas salvas, a Jesus, e nos concentrarmos nisso. Há coisas da vida real que levam à perplexidade, e dizemos: "Estou em um dilema e não sei que caminho seguir". Porém, o apóstolo Paulo diz: "...e vos renoveis no espírito do vosso entendimento" (EFÉSIOS 4:23 ARA). Concentre-se em Deus para conseguir entender qual é a Sua vontade.

A concentração em Deus é mais valiosa do que a santidade pessoal. Deus pode fazer o que quiser com a pessoa totalmente rendida a Ele. Deus nos salva e nos santifica, então espera que nos concentremos nele em todas as circunstâncias em que nos encontrarmos. "Não fui imediatamente consultar outras pessoas" (GÁLATAS 1:16). Quando estiver em dúvida, acalme-se e concentre-se em Deus. Toda vez que você fizer isso, descobrirá que Ele manejará as suas circunstâncias e abrirá o caminho perfeitamente. De sua parte, a condição é que você se concentre em Deus.

"Busquem em primeiro lugar o Reino de Deus e a sua justiça, e todas estas coisas lhes serão acrescentadas." No tribunal do senso comum, as afirmações de Jesus Cristo são as de um tolo, mas leve-as ao tribunal da fé e da Palavra de Deus, e você começará a descobrir, admirado, que elas são as palavras de Deus.

Capítulo 4

CARÁTER E CONDUTA
Mateus 7:1-12

"Por causa disso, concentrando todos os seus esforços, acrescentem à fé que vocês têm a virtude..." (2 PEDRO 1:5). Pedro está escrevendo para filhos de Deus, que nasceram do alto, e diz: "acrescentem, dediquem-se, concentrem-se".

Acrescentar significa todo o significado de caráter. Ninguém nasce com caráter; nós fazemos o nosso próprio caráter. Quando nascemos do alto, é-nos dada uma nova inclinação, mas não um novo caráter. Nós não nascemos com caráter, seja natural ou sobrenaturalmente. Caráter é o que fazemos de nossa inclinação quando ela entra em contato com coisas externas.

O caráter de uma pessoa não pode ser resumido pelo que ela faz aqui ou ali, e sim somente pelo que ela é na tendência geral da existência. Quando descrevemos um homem ou uma mulher, nos concentramos nas coisas excepcionais, mas o que conta é a tendência constante da vida de uma pessoa. Caráter é aquilo que prevalece constantemente, não algo que se manifesta ocasionalmente.

O caráter é criado por coisas boas feitas com constância e persistência, não pelo excepcional ou irregular. O irregular é, na verdade, algo pelo que Deus lamenta. Ele diz: "...o amor de vocês é como a névoa da manhã..." (OSEIAS 6:4). Em Mateus 7, o nosso Senhor está lidando com a necessidade de criar caráter.

Características cristãs (MATEUS 7:1-5)

O temperamento acrítico • *Mateus 7:1*

"Não julguem, para que vocês não sejam julgados" (v.1). A crítica faz parte das habilidades mentais comuns dos seres humanos. Nós temos um senso de proporção; vemos onde as coisas estão erradas e, frequentemente, aniquilamos a outra pessoa. Porém, Jesus diz: "Como discípulo, cultive o temperamento acrítico".

No domínio espiritual, a crítica é o amor que azedou. Em uma vida espiritual saudável, não há espaço para críticas. A faculdade crítica é intelectual, não moral. Se a crítica se tornar um hábito, destruirá a energia moral da vida e paralisará a força espiritual. A única pessoa que pode criticar os seres humanos é o Espírito Santo. Não se atrevam os seres humanos a criticar uns aos outros, porque, tão logo o fizerem, colocar-se-ão em posição superior àqueles que eles criticam.

Um crítico precisa estar distanciado daquilo que critica. Antes de podermos criticar uma obra de arte ou uma peça musical, a nossa informação precisa ser completa. Precisamos ficar longe do que criticamos, superiores àquilo. Nenhum ser humano pode, jamais, ter essa atitude em relação a outro; se o fazemos, nos colocamos numa posição indevida e entristecemos o Espírito Santo.

Pessoas continuamente criticadas se tornam inúteis; o efeito da crítica é tirar-lhes toda a iniciativa e força. A crítica tem efeito mortal porque divide as pessoas e, com elas, as suas capacidades, impedindo-as de serem uma força para qualquer coisa. Isso nunca é obra do Espírito Santo. Somente o Espírito Santo está na verdadeira posição de crítico; Ele é capaz de mostrar o que está errado sem ferir e magoar.

A disposição mental que nos faz ver nitidamente onde os outros estão errados não lhes faz bem algum, porque o efeito da nossa crítica é paralisar suas forças. Isso só prova que a crítica não veio do Espírito Santo; nós nos colocamos na posição de uma pessoa superior. Jesus diz que um discípulo nunca pode se afastar de outra vida e criticá-la. Assim, Ele defende um temperamento acrítico: "Não julguem". Cuidado com qualquer coisa que coloque você no lugar da pessoa superior.

O conselho de Jesus é abster-se de julgar. A princípio, isso soa estranho, porque a característica do Espírito Santo em um cristão é revelar as coisas que estão erradas. Porém, a estranheza é apenas superficial. O Espírito Santo revela o que está errado nos outros, mas o Seu discernimento nunca é para fins de crítica, e sim de intercessão. Quando o Espírito Santo revela algo da natureza de pecado e incredulidade em outra pessoa, o Seu propósito não é nos fazer sentir a satisfação presunçosa de um espectador crítico ("Graças a Deus, eu não sou assim!"), e sim fazer com que recorramos a Deus por aquela pessoa, tanto que Deus a capacite a afastar-se da coisa errada.

Nunca peça discernimento a Deus, porque o discernimento aumenta terrivelmente a sua responsabilidade. Você não poderá se eximir dela por meio de palavras, mas somente mantendo a intercessão por aquelas pessoas até Deus as corrigir. "Se alguém vê o seu irmão cometer pecado que não leva à morte, pedirá, e Deus dará vida a esse irmão..." (1 JOÃO 5:16). O nosso Senhor não dá espaço para críticas na vida espiritual: Ele dá espaço para discernimento e parâmetro.

Se deixarmos esses holofotes irem direto para a raiz da nossa vida espiritual, veremos por que Jesus diz: "Não julguem" — não teremos tempo para fazê-lo. Toda a nossa vida deve ser vivida tão completamente no poder de Deus a ponto de Ele poder derramar, por nosso intermédio, rios de água viva sobre os outros. Alguns de nós estão tão preocupados com a vazão que a fazem secar. Perguntamos continuamente: "Tenho alguma utilidade?". Jesus nos diz como ser úteis: "Quem crer em mim, como diz a Escritura, do seu interior fluirão rios de água viva" (JOÃO 7:38).

"Não julguem, para que vocês não sejam julgados." Se deixarmos essa máxima do nosso Senhor penetrar no nosso coração, descobriremos que ela nos paralisa. "Não julguem"? Ora, estamos sempre fazendo isso! O cristão comum é o indivíduo mais penetrantemente crítico — nenhuma semelhança de Jesus Cristo há em muitos de nós.

Um temperamento crítico é uma contradição a todos os ensinamentos do nosso Senhor. Basicamente, Jesus diz sobre a crítica: "Aplique-a a si mesmo, nunca aos outros". Ou, como disse o apóstolo Paulo: "Você, porém, por que julga o seu irmão? [...] Pois todos temos de comparecer diante do tribunal de Deus" (ROMANOS 14:10).

Sempre que você está com uma índole crítica, é impossível entrar em comunhão com Deus. A crítica o torna duro, vingativo e cruel; ela o deixa com a ideia lisonjeira de que você é uma pessoa superior. É impossível desenvolver as características de um santo e manter uma atitude crítica. A primeira ação do Espírito Santo é fazer em nós uma limpeza geral; não há possibilidade de restar orgulho em nós depois disso. Eu nunca conheci uma pessoa que eu julgasse um caso perdido desde que percebi tudo o que está em *mim* além da graça de Deus. Pare de usar uma vara de medir para com os outros. Em essência, Jesus diz sobre julgar: "*Não julgue*. Tenha uma índole acrítica, porque, no domínio espiritual, você nada pode realizar com críticas".

Uma das lições mais difíceis de aprender é deixar para Deus os casos que não entendemos. Em toda vida, há sempre um fato a mais, do qual nada sabemos. Por isso, Jesus diz: "Não julguem". Não podemos fazer isso uma vez e presumir que terminamos. Temos sempre de nos lembrar de que essa é a regra de conduta do nosso Senhor.

O teste invariável • *Mateus 7:2*

"Pois com o critério com que vocês julgarem vocês serão julgados; e com a medida com que vocês tiverem medido vocês também serão medidos." Essa declaração do nosso

Senhor não é um palpite ao acaso: é uma lei eterna que opera a partir do trono de Deus (VEJA SALMO 18:25-26). A medida que você usa é usada para medir você. Aqui, Jesus fala disso referindo-se à crítica. Se você foi perspicaz em encontrar os defeitos dos outros, essa será exatamente a medida com que você será medido; as pessoas o julgarão da mesma maneira.

Nós pensamos: "Estou completamente certo de que aquele homem está me criticando". Bem, o que você tem feito? A vida retribui na mesma moeda com que você paga; não necessariamente você recebe a retribuição da mesma pessoa, mas a lei permanece: "...com o critério com que vocês julgarem *vocês serão julgados*". Assim é no tocante ao bem e também ao mal. Se você foi generoso, encontrará generosidade; se distribui críticas e suspeitas, é assim que será tratado. Há uma diferença entre retribuição e vingança. Segundo o nosso Senhor, a base da vida é a retribuição, mas Ele não permite a vingança.

Em Romanos 2, esse princípio é aplicado de maneira ainda mais definida. E se eu mesmo for culpado daquilo que critico em outra pessoa? Todo erro que eu vejo em você, Deus encontra em mim; toda vez que julgo você, me condeno. "Por isso, você é indesculpável quando julga os outros, não importando quem você é. Pois, naquilo que julga o outro, você está condenando a si mesmo, porque pratica as mesmas coisas que condena" (ROMANOS 2:1). E Deus não olha só para o ato, Ele olha para a possibilidade.

Para começo de conversa, nós cremos nas afirmações da Bíblia? Por exemplo, cremos que nós mesmos somos culpados daquilo que criticamos nos outros? Sempre podemos ver pecado em outra pessoa porque nós mesmos somos pecadores. A razão pela qual vemos hipocrisia, fraude e irrealidade nos outros é esses pecados estarem todos em nosso próprio coração. O grande perigo é quando chamamos de suspeita carnal a convicção pelo Espírito Santo. Quando o Espírito Santo convence as pessoas, Ele o faz para conversão, para que elas se convertam e demonstrem outras boas características. Não temos o direito de nos colocar na posição de pessoa superior e dizer aos outros o que vemos que está errado; essa é a obra do Espírito de Deus.

A grande característica do santo é a humildade. Precisamos compreender plenamente que todos esses pecados (e outros) teriam sido mostrados em nossa própria vida se não fosse pela graça de Deus. Portanto, não temos o direito de julgar. Basicamente, Jesus diz: "Não julgue os outros, porque, se você o fizer, será medido exatamente da maneira como julgou".

Qual de nós ousaria ficar diante de Deus e dizer: "Senhor, julga-me como eu julguei os meus semelhantes"? Frequentemente, julgamos outras pessoas como pecadoras; se Deus nos houvesse julgado assim, estaríamos no inferno. Deus nos julga por meio da maravilhosa expiação de Jesus Cristo.

O indesejável contador da verdade • *Mateus 7:3-5*
Quando se trata de apontar os defeitos dos outros, a ousadia "útil" dos contadores da verdade comuns é inspirada no diabo. O diabo discerne bem as coisas que ele pode criticar, e todos nós somos perspicazes em apontar o cisco no olho do nosso irmão. Isso nos coloca em uma posição superior;

acreditamos que temos um caráter espiritual mais refinado que o do outro.

Onde encontramos essa característica? No Senhor Jesus? Nunca! O Espírito Santo opera por meio dos santos sem o conhecimento deles; Ele opera por intermédio deles como luz. Se você não entender isso, pensará que seu pregador o está criticando o tempo todo. Ele não está; o Espírito Santo que está no pregador é quem está discernindo o mal em você.

A última maldição em nossa vida de cristão é a pessoa que se torna uma providência para nós; ela tem certeza de que nada podemos fazer sem o seu conselho e, se não lhe dermos ouvido, certamente estaremos errados. Jesus Cristo ridicularizou essa noção com tremendo poder: "Hipócrita! Tire primeiro a trave do seu olho e então você verá claramente para tirar o cisco do olho do seu irmão". *Hipócrita*: literalmente, "ator", alguém cuja realidade não acompanha a sua sinceridade. Os hipócritas desempenham conscientemente dois papéis para seus próprios fins. Quando criticamos outras pessoas, podemos ser bastante sinceros; contudo, Jesus diz que, na realidade, somos fraudes.

Não conseguimos fugir das palavras penetrantes de Jesus Cristo. Se eu vejo o cisco no olho do meu irmão, é porque tenho uma trave no meu. A afirmação realmente nos atinge. Se eu permiti que Deus, por Sua poderosa graça, removesse a trave da minha própria visão, levarei comigo a confiança implícita de que o que Deus fez por mim pode facilmente fazer por você — porque você tem apenas um cisco e eu tinha um tronco de árvore! Essa é a confiança que a salvação de Deus nos dá. Ficamos tão surpresos com a maneira como Deus nos transformou que não podemos nos desesperar com os outros: "Eu sei que Deus pode se encarregar de você; você está apenas um pouco errado, mas eu estava errado até as mais remotas profundezas da minha mente. Eu era uma pessoa mesquinha, preconceituosa, egocêntrica, egoísta, e Deus me transformou. Por isso, nunca poderei perder as esperanças em você ou em qualquer outra pessoa".

As afirmações do nosso Senhor nos salvam do terrível perigo da vaidade espiritual — "Ó Deus, graças te dou porque não sou como os demais homens..." (LUCAS 18:11). Elas nos fazem também perceber por que um homem como Daniel inclinou a cabeça em humilhação vicária e intercessão: "...confessava o meu pecado e o pecado do meu povo..." (DANIEL 9:20). Esse chamado vem de tempos em tempos a indivíduos e nações.

Consideração cristã (MATEUS 7:6-11)

Considere como Deus tem tratado você e, então, considere que você deve fazer o mesmo com os outros.

A necessidade de distinguir • Mateus 7:6
"Não deem aos cães o que é santo, nem joguem as suas pérolas diante dos porcos, para que estes não as pisem com os pés e aqueles, voltando-se, não estraçalhem vocês." Jesus Cristo está nos ensinando a necessidade de examinar cuidadosamente o que apresentamos aos outros no sentido da verdade de Deus. Deus diz que, se apresentarmos as "pérolas" da Sua revelação a pessoas não espirituais, elas pisarão

essas pérolas. Observe que Ele não diz que elas nos pisarão (isso não importaria tanto), e sim que elas pisarão a verdade de Deus.

Essas palavras não são palavras humanas, e sim as palavras de Jesus Cristo, e somente o Espírito Santo pode nos ensinar o significado delas. Há algumas verdades que Deus não simplificará. A única coisa que Deus deixa claro na Bíblia é o caminho da salvação e santificação; depois disso, o nosso entendimento depende inteiramente de andarmos na luz. Repetidamente, as pessoas suavizam a Palavra de Deus para agradar quem não é espiritual. E assim, a Palavra de Deus é pisoteada por "porcos".

Pergunte a si mesmo se você está, de algum modo, jogando a verdade de Deus para porcos não espirituais. Basicamente, Jesus diz: "Tenha o cuidado de não dar as coisas sagradas de Deus a 'cães' (um símbolo das pessoas de fora da fé). Não lance suas coisas sagradas na frente deles, nem dê as pérolas da verdade de Deus a pessoas que são 'porcos'". O apóstolo Paulo menciona a possibilidade de a pérola da santificação ser arrastada para o lamaçal da fornicação; isso vem por não ser respeitada essa poderosa cautela do nosso Senhor.

Não temos o direito de falar sobre alguns pontos de nossa experiência. Há momentos de comunhão entre cristãos nos quais essas pérolas de preciosa raridade são viradas e examinadas, mas, se as exibirmos sem a permissão de Deus para tentar converter as pessoas, descobriremos que o que Jesus diz é verdade — elas as pisotearão.

O nosso Senhor nos diz para nunca confessar coisa alguma além dele: "...todo aquele que me confessar diante dos outros..." (MATEUS 10:32). Testemunhos subjetivos para o mundo são sempre errados; eles são para santos, para quem é espiritual e os entende. O nosso testemunho para o mundo precisa ser o próprio Senhor. Nós o confessamos dizendo: "*Ele* me salvou, *Ele* me santificou, *Ele* me pôs em retidão para com Deus".

É sempre mais fácil ser fiel à nossa experiência do que a Jesus Cristo. Muitas pessoas desprezam Jesus no campo de suas ideias religiosas particulares. A verdade central não é a salvação, a santificação ou a segunda vinda; a verdade central é nada menos do que o próprio Jesus Cristo. "E eu, quando for levantado da terra, atrairei todos a mim" (JOÃO 12:32). Sempre surge uma falha quando tomamos algo que Jesus Cristo faz e o pregamos isoladamente como a verdade. É parte da verdade, mas, se a tomarmos como toda a verdade, tornamo-nos defensores de uma ideia em vez de uma Pessoa, o próprio Senhor.

A característica das ideias é que elas desenvolvem um ar de finalidade. Se somos fiéis apenas a uma doutrina do cristianismo em vez de a Jesus Cristo, fazemos nossas ideias entrarem a golpes de marreta. As pessoas que nos ouvem dizem: "Bem, isso pode ser verdade", mas se ressentem da maneira como nossas ideias são apresentadas. Quando de fato seguimos a Jesus Cristo, concentrando-nos nele, as atitudes dominadoras e ditatoriais desaparecem.

O conceito de controle divino • Mateus 7:7-10
Sempre distinga entre ser possessão do Espírito e formar a mente de Cristo. Aqui, Jesus estabelece regras de conduta para quem tem o Espírito.

Pelo simples argumento desses versículos, o nosso Senhor nos exorta a encher a nossa mente com o conceito do controle de Deus por trás de tudo e a manter uma atitude de perfeita confiança. Estabeleça em sua mente a ideia de que Deus está presente. Quando a mente está impressionada com esse pensamento, lembrar-se, na hora da dificuldade: "Ora, o meu Pai sabe tudo sobre isso!", é tão fácil quanto respirar. Não será um esforço, virá naturalmente.

Antes, quando a perplexidade nos pressionava, questionávamos a um ou a outro; agora, o conceito do controle divino está se formando tão poderosamente em nós que simplesmente recorremos a Deus acerca do assunto. Nós sempre saberemos se este conceito está operando pela maneira como agimos em circunstâncias difíceis. A quem recorremos em primeiro lugar? Qual é a primeira coisa que fazemos? O primeiro poder em que confiamos? Esta é a dinâmica do princípio indicado em Mateus 6:25-34 — Deus é meu Pai, Ele me ama, nunca consigo pensar em algo de que Ele se esquecerá; então, por que deveria me preocupar?

Mantenha forte e crescente a ideia do controle de Deus por trás de todas as coisas. Nada acontece se a mente de Deus não estiver por trás, para que possamos descansar com perfeita confiança. Há momentos em que Deus não desfará as trevas, mas confie nele. Jesus disse que, às vezes, Deus parecerá um amigo importuno (VEJA LUCAS 11:5-8), mas não é; parecerá um pai antinatural (VEJA LUCAS 11:9-13), mas não é; parecerá um juiz injusto (VEJA LUCAS 18:1-8), mas não é. Chegará o momento quando tudo será explicado. Oração não é só pedir: é uma atitude de coração que produz uma atmosfera na qual pedir é perfeitamente natural. E Jesus diz: "...todo o que pede recebe..." (MATEUS 7:8).

As pessoas obterão todas as coisas da vida que pedirem, porque não se pede algo que não se queira. Se pedirmos por riqueza desta vida, obteremos riqueza, ou estávamos nos fazendo de bobos quando pedimos. Jesus diz: "Se permanecerem em mim, e as minhas palavras permanecerem em vocês, pedirão *o que quiserem*, e lhes será feito" (JOÃO 15:7). Às vezes, oramos um palavrório piedoso, em que nossa vontade não está de fato, e então dizemos que Deus não responde. Porém, nunca lhe *pedimos* coisa alguma. Pedir significa que a nossa vontade está naquilo que pedimos.

Você diz: "Mas eu pedi a Deus que transformasse a minha vida em um jardim do Senhor e veio o arado da tristeza. Em vez de um jardim, me foi dado um deserto". Lembre que Deus nunca dá uma resposta errada. A sua vida natural teve de ser transformada em solo arado antes de Deus poder transformá-la em Seu próprio jardim. Ele plantará a semente agora. Deixe que as estações de Deus venham sobre a sua alma e, em pouco tempo, a sua vida será um jardim do Senhor.

Nós precisamos discernir que Deus controla até mesmo o nosso pedir. Apresentamos o que o apóstolo Paulo chama de "devoção voluntária" (COLOSSENSES 2:23 ACF). A vontade é o indivíduo ativo por completo; há forças terríveis na vontade. A pessoa que obtém uma vitória moral por pura força de vontade é a pessoa mais difícil de lidarmos depois. O que há de profundo nas pessoas não é o pecado, e sim a sua vontade. A vontade é o elemento essencial na criação dos seres humanos por Deus; o pecado é uma inclinação perversa que entrou neles.

Em sua base, a vontade humana é uma com Deus, mas é encoberta por todos os tipos de desejos e motivações. Quando pregamos a Jesus Cristo, o Espírito Santo escava até a base da vontade, e esta sempre se volta para Deus. Nós tentamos atacar a vontade das pessoas; se exaltarmos Jesus, Ele irá diretamente para a vontade. Ao falar sobre oração, Jesus nunca disse: "Se a vontade humana se voltar naquela direção...". Com a grande simplicidade de uma criança, Ele disse: *Peçam*. Nós acrescentamos as nossas faculdades de raciocínio e dizemos: "Sim, mas...". Jesus diz: "Se permanecerem em mim, e as minhas palavras permanecerem em vocês, pedirão *o que quiserem*, e lhes será feito".

A necessidade de discernimento • *Mateus 7:11*

"Ora, se vocês, que são maus, sabem dar coisas boas aos seus filhos, quanto mais o Pai de vocês, que está nos céus, dará coisas boas aos que lhe pedirem?" Porém, lembre-se: nós temos de pedir coisas que estejam em conformidade com o Deus revelado por Jesus Cristo, coisas em conformidade com o Seu domínio. Deus não é um vidente; Ele quer desenvolver em nós o caráter de um filho de Deus. Podemos conhecer "as coisas do ser humano" pelo "espírito humano, que nele está", mas "as coisas de Deus" só podem ser discernidas espiritualmente (VEJA 1 CORÍNTIOS 2:9-14).

O discernimento mencionado aqui é a habitual percepção de que todas as coisas boas que temos nos foram dadas pela pura soberana graça de Deus. Em essência, Jesus diz: "Esse raciocínio se incorporou a você: quanto você merecia?".

A resposta é *nada* — tudo nos foi dado por Deus. Que Deus nos salve da noção rasa, amaldiçoada e econômica de que devemos ajudar somente as pessoas que "merecem". Quase se pode ouvir o Espírito Santo gritar no coração: "Quem é você que fala assim? *Você* merecia a salvação que Deus lhe deu? *Você* merecia ser cheio do Espírito Santo?".

Essas coisas são feitas exclusivamente pela soberana misericórdia de Deus. Jesus diz: "Portanto, sejam perfeitos como é perfeito o Pai de vocês, que está no céu" (MATEUS 5:48). "O meu mandamento é este: que vocês amem uns aos outros, assim como eu os amei" (JOÃO 15:12). Isso não é feito de uma vez por todas; é um hábito contínuo, firme e crescente da vida.

Humildade e santidade sempre andam juntas. Sempre que dureza e rudeza começam a se infiltrar na nossa atitude pessoal em relação aos outros, podemos ter certeza de que estamos nos desviando da luz. A pregação precisa ser tão severa e verdadeira quanto a Palavra de Deus (nunca suavize a verdade de Deus), mas, ao lidar com os outros, nunca se esqueça que, onde quer que esteja agora, você é um pecador salvo pela graça. Se você está na plenitude da bênção de Deus, está ali por nenhum outro direito senão a pura soberana graça de Deus.

Repetidamente, por compaixão das pessoas, culpamos Deus por Sua negligência para com elas. Podemos não dizer isso com palavras, mas, por nossa atitude, implicamos estar completando o que Deus se esqueceu de fazer. Nunca acolha essa ideia, nunca permita que ela venha à sua mente. Muito provavelmente, o Espírito de Deus começará a nos mostrar que as pessoas estão onde estão porque *nós* negligenciamos fazer o que deveríamos.

A grande febre do momento é o socialismo e as pessoas estão dizendo que Jesus Cristo veio como um reformador social. Absurdo! Nós somos os reformadores sociais; Jesus Cristo veio para nos transformar, e nós tentamos fugir da nossa responsabilidade colocando sobre Ele a nossa parte na obra. Jesus nos transforma e nos corrige; então, esses Seus princípios nos tornam instantaneamente reformadores sociais. Eles começam a funcionar imediatamente onde moramos, em nosso relacionamento com nossos pais e mães, nossos irmãos e irmãs, nossos amigos, nossos patrões ou empregados. Jesus indica: "Considere como Deus lidou com você e depois considere fazer o mesmo aos outros".

Abrangência cristã (MATEUS 7:12)

A graça cristã abrange a pessoa por inteiro. "Ame o Senhor, seu Deus, de todo o seu *coração*, de toda a sua *alma*, de todo o seu *entendimento* e com toda a sua *força*" (MARCOS 12:30). Salvação significa não apenas um coração puro, uma mente esclarecida e um espírito em retidão para com Deus, e sim que a pessoa toda está envolvida na manifestação do maravilhoso poder e graça de Deus. Corpo, alma e espírito são levados a um fascinante cativeiro ao Senhor Jesus Cristo.

A camisa de um lampião pode ilustrar o significado. Se ela não é ajustada corretamente, somente uma parte dela brilha — mas, quando ela é ajustada com precisão e a luz é acesa, o conjunto todo é envolvido em um clarão.

De semelhante modo, cada pedacinho do nosso ser deve ser absorvido até estarmos iluminados pela abrangente bondade de Deus. "O fruto da luz consiste em toda bondade, justiça e verdade" (EFÉSIOS 5:9). Alguns de nós têm bondade apenas em alguns pontos.

A margem positiva da justiça

O limite à manifestação da graça de Deus em nós é o nosso corpo, todo o nosso corpo. Podemos entender a necessidade de um coração puro, de uma mente corretamente ajustada a Deus e de um espírito habitado pelo Espírito Santo, mas, e o corpo? Essa é a margem, o limite externo da justiça em nós.

Frequentemente, nos divorciamos da clara compreensão intelectual da verdade e de seu resultado prático. Jesus Cristo nunca fez tal divórcio; Ele não toma conhecimento das nossas boas ideias intelectuais, a menos que seu resultado prático seja demonstrado na realidade.

Há uma grande armadilha na capacidade de entender algo claramente e depois esgotar o poder disso afirmando-o. Demasiado fervor cega a vida espiritual para a realidade; o fervor se torna o nosso deus. Confiamos no fervor e no zelo com que as coisas são ditas e feitas e, depois de algum tempo, descobrimos que a realidade factual não está lá. O poder e a presença de Deus não estão sendo manifestados e, quando a superfície é arranhada em nossos relacionamentos em casa, nos negócios ou particulares, revela-se que não somos factuais.

Dizer bem as coisas provavelmente esgotará o nosso poder de fazê-las. Assim, frequentemente, uma pessoa tem de refrear a expressão verbal de uma coisa e transformá-la em ação. Caso contrário, o nosso dom de falar com facilidade poderá nos impedir de fazer o que dizemos.

A proverbial máxima da razoabilidade

"Portanto, tudo o que vocês querem que os outros façam a vocês, façam também vocês a eles." O uso dessa máxima pelo nosso Senhor é positivo, não negativo. *Faça* aos outros o que quer que você queira que façam a você. Isso é muito diferente de *não* fazer aos outros o que você não quer que eles façam a você. O que gostaríamos que os outros fizessem a nós? Jesus diria: "Faça isso a eles; não espere que eles o façam a você".

O Espírito Santo estimulará a sua imaginação a visualizar muitas coisas que você gostaria que os outros fizessem a você. Essa é a Sua maneira de lhe dizer o que fazer a eles. Se você pensar: "Gostaria que as pessoas me dessem crédito pelos motivos generosos que tenho", dê-lhes crédito por terem motivos generosos. Se você disser: "Eu gostaria que as pessoas nunca me julgassem duramente", não as julgue duramente. Você pensa: "Eu gostaria que os outros orassem por mim"? Bem, ore por eles.

A medida do nosso crescimento em graça é a nossa atitude em relação às outras pessoas. Jesus diz: "...ame o seu próximo como você ama a si mesmo" (MATEUS 19:19). Satanás vem como um anjo de luz (VEJA 2 CORÍNTIOS 11:14) e diz: "Mas você não deve pensar em si mesmo". O Espírito Santo *fará* você pensar em si mesmo, porque essa é a maneira dele de educar você para lidar adequadamente com os outros. O Espírito o faz imaginar o que você gostaria que os outros fizessem a você e, então, diz: "Agora, vá e faça essas coisas a eles".

Mateus 7:12 é o padrão do nosso Senhor para a conduta ética prática. "Tudo o que vocês querem que os outros façam a vocês, façam também vocês a eles." Nunca busque o certo na outra pessoa, contudo nunca deixe de estar certo você mesmo. Nós sempre buscamos justiça neste mundo, mas não há justiça. Essencialmente, Jesus diz: "Nunca busque justiça, mas nunca deixe de concedê-la".

Ao longo de todo o ensinamento do nosso Senhor está o selo do impossível, a menos que Ele possa nos refazer, e foi isso o que Ele veio realizar. Ele veio para dar às pessoas uma nova hereditariedade, à qual o Seu ensino se aplica.

O principal significado da revelação

Jesus Cristo veio para encarnar, na vida humana, as grandes leis de Deus. Esse é o milagre da graça de Deus; nós devemos ser uma epístola escrita, "...conhecida e lida por todos" (2 CORÍNTIOS 3:2). No Novo Testamento, não há espaço para pessoas que dizem ser salvas pela graça, mas não produzem os frutos da graça. Por Sua redenção, Jesus Cristo pode colocar a nossa vida real em concordância com a nossa profissão religiosa.

Em nosso estudo do Sermão do Monte, seria como um batismo de luz permitir que os princípios de Jesus Cristo sejam absorvidos até a nossa constituição fundamental. As Suas afirmações não são apresentadas como padrões a serem alcançados por nós; Deus nos refaz e coloca o Seu Espírito Santo em nós — então, o Espírito Santo aplica os princípios a nós e nos capacita a executá-los por Sua orientação.

Capítulo 5

IDEIAS, IDEAIS E REALIDADE FACTUAL
Mateus 7:13-29

Uma *ideia* revela o que ela faz e nada mais. Quando você lê um livro acerca da vida, a vida parece ser simples, mas, quando você encara factualmente os fatos da vida, descobre que eles não se alinham com as ideias simples apresentadas no livro. Uma ideia é como um holofote, que ilumina apenas aquilo para onde ele está voltado e nada mais, enquanto a luz do dia revela mil e um fatos que o holofote não havia levado em conta. É provável que uma ideia tenha um ar de finalidade, por isso falamos em "tirania de uma ideia".

Um *ideal* incorpora as nossas concepções mais elevadas, mas não contém inspiração moral. Tratar o Sermão do Monte meramente como um ideal é enganoso. Ele não é um ideal, e sim uma afirmação da forma de ação do caráter de

Jesus Cristo em *realidade factual* na vida de qualquer pessoa. Nós ficamos envergonhados por não sermos capazes de cumprir os nossos ideais e, quanto mais retos somos, mais agonizante é o nosso conflito. Nós dizemos: "Não abaixarei os meus ideais, embora nunca possa esperar torná-los reais". Ninguém é tão frustrado quanto as pessoas que têm ideais que não conseguem realizar.

Jesus Cristo diz a essas pessoas: "Venham a mim [...] e eu os aliviarei" (MATEUS 11:28). Jesus está dizendo: "Eu o aquietarei e acalmarei, colocando em você algo que unificará o ideal com o factual". Sem Jesus Cristo, há uma lacuna intransponível entre o ideal e o factual; a única saída é um relacionamento pessoal com Ele. A salvação de Deus não apenas nos salva do inferno, como também muda a nossa vida factual.

Duas portas, dois caminhos (MATEUS 7:13-14)

O nosso Senhor usava continuamente provérbios e ditos que eram familiares aos Seus ouvintes, mas lhes dava um significado totalmente novo. Aqui, Ele usa uma alegoria conhecida no Seu tempo, elevando-a por Sua inspiração para nela incorporar as Suas pacientes advertências.

Sempre distinga entre advertência e ameaça. Deus nunca ameaça; o diabo nunca adverte. Uma advertência é a grande e surpreendente afirmação de Deus, inspirada por Seu amor e paciência. Isso lança uma enxurrada de luz sobre as vívidas afirmações de Jesus Cristo, como aquelas presentes em Mateus 23. Jesus está afirmando a consequência inexorável: "Como esperam escapar da condenação do inferno?" (MATEUS 23:33). Aqui não há qualquer elemento de vingança pessoal. Tenha cuidado como você imagina o nosso Senhor ao ler as Suas terríveis afirmações. Leia as Suas denúncias tendo em mente o Calvário.

O grande e paciente amor de Deus é o que dá a advertência. "O caminho dos infiéis é intransitável" (PROVÉRBIOS 13:15). Em sua imaginação, siga essa afirmação e veja o amor de Deus. Ele é surpreendentemente terno, mas o caminho dos infiéis não pode ser facilitado. Deus fez com que seja difícil errar, especialmente aos Seus filhos.

"Entrem pela porta estreita!" Se uma pessoa tentar entrar na salvação por qualquer outro caminho que não seja o de Jesus Cristo, encontrará um caminho largo, mas que acarreta a angústia. O teólogo Erasmo, do século 16, disse que foi necessária a afiada espada da tristeza, dificuldades de todo tipo, desgostos e desencantos para levá-lo ao lugar onde ele viu Jesus Cristo como Aquele que é totalmente adorável. Ele diz: "Quando cheguei lá, descobri que não havia necessidade de ter ido pelo caminho que tomei". Há o caminho largo da autorrealização razoável, mas o único caminho para um conhecimento pessoal da redenção eterna é reto e estreito. Jesus diz: "Eu sou o caminho..." (JOÃO 14:6).

Há uma diferença entre salvação e discipulado. Uma pessoa pode ser salva pela graça de Deus sem se tornar discípula de Jesus Cristo. Discipulado significa uma dedicação pessoal da vida a Jesus Cristo. São "[salvas], mas como que através do fogo" (1 CORÍNTIOS 3:15), as pessoas que nada valeram para Deus na vida factual. Jesus disse: "Portanto, vão e *façam discípulos...*" (MATEUS 28:19).

O ensino do Sermão do Monte só produz desespero na pessoa que não nasceu de novo. Se Jesus houvesse vindo para ser apenas um mestre, teria feito melhor ficando longe. De que serve ensinar um ser humano a ser o que nenhum ser humano consegue ser: negar a si mesmo continuamente, fazer mais do que o seu dever, ser totalmente imparcial, ser perfeitamente devotado a Deus? Se tudo que Jesus Cristo veio fazer foi ensinar isso às pessoas, Seus ideais são os maiores insultos já apresentados à raça humana. Porém, Jesus Cristo veio primária e fundamentalmente para dar nova vida a mulheres e homens. Ele veio para colocar em qualquer pessoa a inclinação que governava a Sua própria vida e, tão logo isso é dado a uma pessoa, o ensinamento de Jesus começa a ser possível. Todos os padrões dados pelo nosso Senhor se baseiam na Sua inclinação.

Perceba quão aparentemente insatisfatórias são as respostas de Jesus Cristo. Ele nunca respondeu a uma pergunta surgida da mente de uma pessoa, porque essas perguntas nunca são originais — sempre têm algum toque de sofisma. A pessoa com esse tipo de pergunta quer tirar desta o que seria logicamente melhor. Em Lucas 13:23-24, certo homem devoto perguntou a Jesus: "Senhor, são poucos os que são salvos?". Jesus respondeu: "Esforcem-se por entrar pela porta estreita!". Ou seja, Jesus estava dizendo: "Cuidem para que os seus próprios pés estejam no caminho certo".

As respostas do nosso Senhor parecem, a princípio, fugir da questão, mas Ele vai a fundo nela e resolve o problema real. Ele nunca responde às nossas perguntas superficiais. Jesus lida com a grande necessidade inconsciente que faz essas perguntas surgirem. Sempre que as pessoas fazem perguntas originais a partir de sua própria vida pessoal, Jesus responde.

Todas as coisas nobres são difíceis
O nosso Senhor adverte que a vida devota de um discípulo não é um sonho, e sim uma disciplina resoluta que exige o uso de todas as nossas forças. Nenhuma porção de determinação pessoal pode me dar a nova vida de Deus — ela é uma dádiva. A determinação surge em deixar que esta nova vida se desenvolva segundo o padrão de Cristo.

Estamos sempre correndo o risco de confundir o que *somos capazes* de fazer com o que *não somos capazes de fazer*. Não podemos nos salvar, ou nos santificar, ou nos dar o Espírito Santo; somente Deus é capaz de fazer essas coisas. A confusão ocorre continuamente quando tentamos fazer o que somente Deus é capaz de fazer e tentamos nos persuadir de que Ele fará o que somos capazes de fazer por nós mesmos.

Imaginamos que Deus nos fará andar na luz. Deus não fará isso acontecer; *nós* é que precisamos andar na luz. Ele nos dá o poder de fazê-lo, mas nós temos que nos certificar de que usaremos o poder. Deus coloca o poder e a vida em nós e nos enche com o Seu Espírito, mas nós temos de realizar. Paulo diz: "...desenvolvam a sua salvação..." (FILIPENSES 2:12). Ele não diz: "Trabalhem *para* a sua salvação", e sim *"exerçam-na"*. Ao fazermos isso, percebemos que a vida nobre de um discípulo é gloriosamente difícil, mas a dificuldade dela nos desperta para superar, em vez de desfalecer e ceder. É sempre necessário fazer um esforço para ser nobre.

Jesus Cristo nunca protege um discípulo de cumprir todos os requisitos de um filho de Deus. Coisas que valem a pena fazer nunca são fáceis. Com base na redenção, a vida do Filho de Deus é formada em nossa natureza humana, e nós temos de "[nos revestir] da nova natureza..." (COLOSSENSES 3:10) em conformidade com a Sua vida; isso requer tempo e disciplina. Adquira a sua alma com paciência (VEJA LUCAS 21:19). "Alma" é o meu espírito pessoal manifestando-se em meu corpo; a maneira como eu raciocino, penso e vejo as coisas. Jesus diz que nós precisamos perder a nossa alma para encontrá-la.

Nós lidamos com o aspecto grandioso e massivo da redenção (a ideia de que Deus salva por pura graça por meio da expiação), mas tendemos a nos esquecer de que isso precisa ser realizado na vida prática em meio a outras pessoas. Basicamente, Jesus diz: "Vocês são meus amigos; então, entreguem a sua vida por mim. Não para passar pela crise da morte, mas entreguem a sua vida deliberadamente por mim. Dediquem tempo a isso".

Trata-se de uma vida nobre e difícil. Deus opera em nós para fazer a Sua vontade, mas nós precisamos fazer o que é necessário. Quando começamos a fazer o que Ele ordena, descobrimos que *somos capazes* de fazê-lo, porque operamos com base na coisa nobre que Deus fez por nós na redenção.

O meu tudo para o Altíssimo[1]

Deus exige o nosso tudo para expressar *exteriormente* aquilo que Ele operou *interiormente*. Nada podemos fazer pela

---

[1] O título desta seção corresponde ao do devocional escrito por Chambers, conhecido em português como *Tudo para Ele* (Publicações Pão Diário, 2022).

nossa própria redenção, mas precisamos fazer o máximo para exercê-la na experiência factual com base na regeneração.

A salvação é a parte de Deus; ela está completa e nada podemos acrescentar a ela. Porém, temos de usar todas as nossas forças para exercer a Sua salvação. É necessário ter disciplina para viver a vida de um discípulo em coisas factuais. Jesus "...pegando uma toalha [...] começou a lavar os pés dos discípulos..." (JOÃO 13:4-5). Foi preciso o Deus encarnado para fazer corretamente as coisas comuns e servis da vida, e é preciso a vida de Deus em nós para usar adequadamente uma toalha. Essa é a redenção sendo realmente exercida na experiência; nós podemos fazer isso sempre, devido à maravilha da graça de Deus.

"Se vocês me amam, guardarão os meus mandamentos" (JOÃO 14:15). Jesus faz disso o teste do discipulado. O lema do nosso lado da porta da vida é: "Eu sou capaz de obedecer a todos os mandamentos de Deus". Como discípulos, temos de fazer o máximo para provar que somos gratos pelo máximo de Deus por nós e nunca permitir que o *não consigo* se infiltre. "Ó, eu não sou um santo, não consigo fazer isso". Se esse pensamento entrar em nós, seremos uma desonra para Jesus Cristo.

A salvação de Deus é algo feliz, mas também santo e difícil, que testa todo o nosso valor. Jesus Cristo está "...conduzindo muitos filhos à glória..." (HEBREUS 2:10) e não nos poupará de nenhuma das exigências dessa filiação. Em certos momentos, Ele dirá ao mundo, à carne e ao diabo: "Faça o seu pior; Eu sei que aquele que está no Meu discípulo é maior do que aquele que está no mundo" (VEJA 1 JOÃO 4:4).

A graça de Deus não resulta em fracos, mas em homens e mulheres com forte semelhança familiar com Jesus Cristo. Graças a Deus Ele nos dá coisas difíceis para fazer! Nossos corações explodiriam se não houvesse como demonstrar nossa gratidão. "Portanto, irmãos", diz Paulo, "pelas misericórdias de Deus, peço que ofereçam o seu corpo como *sacrifício vivo*..." (ROMANOS 12:1).

Um coração forte para uma colina íngreme[2]
Um coração forte para uma colina íngreme. A vida cristã é uma vida santa; nunca substitua a palavra *santa* por *feliz*. Certamente teremos felicidade, mas como consequência de santidade. Cuidado com a ideia tão prevalente na atualidade de que um cristão precisa estar sempre feliz, contente e sorridente. Isso é pregar meramente o evangelho do temperamento.

Se você se determinar a ser feliz como base da sua vida cristã, a sua felicidade o abandonará. A felicidade não é uma causa, mas um efeito que vem sem esforço. O nosso Senhor insiste em que nos mantenhamos focados, com os olhos fixos na porta estreita e no caminho difícil, o que significa uma vida pura e santa.

"Tomem sobre vocês o meu jugo e aprendam de mim..." (MATEUS 11:29). Parece ser incrivelmente difícil colocar o jugo de Cristo, mas, assim que o colocamos, tudo se torna fácil. No início da vida cristã, parece mais fácil se desviar e dizer: "Não consigo". Porém, quando colocamos o Seu jugo, descobrimos — bendito seja o nome de Deus! — que, afinal,

---

[2] Chambers refere-se aqui a um antigo ditado escocês, que se refere metaforicamente à necessidade de determinação para superar obstáculos.

escolhemos o caminho mais fácil. Felicidade e alegria acontecem, mas não são o nosso alvo; o nosso alvo é o Senhor Jesus Cristo. Então, Deus derrama cem vezes mais bênçãos sobre nós ao longo do caminho.

Para manter um coração forte nas colinas íngremes da vida, vigie continuamente contra a preocupação. "Que o coração de vocês não fique angustiado" (JOÃO 14:1) é uma ordem e significa que preocupar-se é pecaminoso. O que desvia as pessoas do caminho de Cristo não é o diabo, e sim as dificuldades comuns da vida diária: dificuldades relacionadas a alimento, roupas e situações. O nosso Senhor disse: "As preocupações deste mundo [...] sufocam a palavra" (MATEUS 13:22).

Todos nós já tivemos momentos quando as pequenas preocupações da vida sufocaram a Palavra de Deus, apagaram o Seu rosto de nós, enfraqueceram o nosso espírito e nos deixaram tristes e humilhados diante dele; isso aconteceu com mais frequência do que as vezes em que fomos tentados a pecar. Há algo em nós que nos faz enfrentar a tentação pecaminosa com vigor e fervor, mas é necessário o coração forte dado por Deus para enfrentar com sucesso as preocupações desta vida.

Eu não daria muito pelo homem em cuja vida não houvesse nada que o levasse a dizer: "Eu gostaria de não estar nas circunstâncias em que estou". Jesus disse: "No mundo, vocês passam por aflições; mas tenham coragem: eu venci o mundo" (JOÃO 16:33). Sua mensagem para nós é: "Você superará isso também; você vencerá todas as vezes se confiar no seu relacionamento comigo". Coragem espiritual é aquilo de que precisamos.

Ideias, ideais e realidade factual

"Entrem pela porta estreita!" Só podemos chegar ao Céu por meio de Jesus Cristo e por nenhum outro caminho. Só podemos chegar ao Pai por intermédio de Jesus Cristo, e só podemos entrar na vida de santidade pelo mesmo caminho.

Teste os seus mestres (MATEUS 7:15-20)

Nesses versículos, Jesus diz aos Seus discípulos para testarem pregadores e mestres por seus frutos. Há dois testes: um é o fruto na vida do pregador; o outro é o fruto da doutrina.

O fruto da vida de uma pessoa pode ser perfeitamente belo e, ao mesmo tempo, ela pode estar ensinando uma doutrina que, embora logicamente elaborada, produziria o fruto do diabo em outras vidas. É fácil ser cativado por uma vida bela e argumentar que, portanto, o que a pessoa ensina deve estar certo. Porém, Jesus diz: "Tenha cuidado; teste os seus mestres pelos seus frutos".

O outro lado é igualmente verdadeiro: uma pessoa pode estar ensinando belas verdades e ter uma doutrina magnífica, enquanto o fruto em sua própria vida está podre. Dizemos que, se as pessoas têm uma bela vida, sua doutrina deve estar certa, mas Jesus diz que não é necessariamente assim. Novamente, dizemos que, porque alguém ensina a coisa certa, sua vida deve estar certa; Jesus diz que não é necessariamente assim. Teste a doutrina por seus frutos e teste o mestre por seus frutos. "Se, pois, o Filho os libertar, vocês serão verdadeiramente livres" (JOÃO 8:36) — a liberdade da natureza operará.

"Pelos seus frutos vocês os conhecerão." Você não recebe do Espírito Santo o ânimo vingativo; nem da paciência de Deus o ânimo inflamadamente irritável; nem do Espírito de Deus o ânimo permissivo e a concupiscência da carne na vida privada. Deus nunca dá espaço a esses ânimos.

Ao estudarmos o Sermão do Monte, descobrimos que o Espírito de Deus nos incomoda sob todos os pontos de vista para nos levar a um relacionamento simples com Jesus Cristo. O padrão é o de uma criança que depende de Deus.

Possibilidade de fingimento • *Mateus 7:15*

"Cuidado com os falsos profetas, que se apresentam a vocês disfarçados de ovelhas, mas por dentro são lobos vorazes." Aqui, o nosso Senhor está descrevendo mestres perigosos e nos adverte contra os que vêm revestidos de doutrina correta enquanto, interiormente, o seu espírito é o de Satanás.

Fingir é assustadoramente fácil. Se algum dia os nossos olhos se afastarem de Jesus Cristo, certamente virá em seguida o fingimento piedoso. A condição essencial da vida do santo se encontra em 1 João 1:7: "Se andarmos na luz, como *ele está na luz*...", isto é, com nada ocultado e nada a esconder. Assim que dependemos de qualquer outra coisa que não seja o nosso relacionamento com Deus, surge a possibilidade de fingimento. Trata-se de um fingimento piedoso, não de hipocrisia. Os hipócritas tentam viver uma vida dupla para seus próprios fins e têm sucesso. O fingimento piedoso é um esforço desesperadamente sincero de estarmos certos quando sabemos não estar.

Nós temos de estar alertas para o fingimento em nós mesmos. É fácil parecer o que não somos. É fácil falar e pregar — e pregar a nossa vida factual que leva à condenação. Perceber isso fez o apóstolo Paulo dizer: "...esmurro o meu corpo [...] para que, tendo pregado a outros, não venha eu mesmo a ser desqualificado" (1 CORÍNTIOS 9:27).

Quanto mais fácil é a expressão em palavras, menos provável é que a verdade seja realizada na nossa vida. O pregador corre um perigo que o ouvinte não corre: expressar algo e permitir que o esforço da expressão resulte em nunca realmente fazê-lo. É aí que o jejum tem de ser exercitado — jejuar da eloquência, de um refinado verniz literário, de tudo que a cultura natural nos faz estimar — se a expressão nos for levar a um caminhar manco com Deus.

"Essa espécie só sai pela oração e pelo jejum" (MARCOS 9:29 NVI). Jejuar é muito mais do que ficar sem comer; essa parte é secundária. O verdadeiro jejum é de tudo que manifesta a permissividade. Em todos nós há um certo humor que se deleita em falar abertamente, mas podemos nunca pretender fazer o que dizemos. Como disse o teólogo escocês Peter Taylor Forsyth, somos "encantados, mas não transformados".

A pessoa franca é muito menos confiável do que a sutil e astuta, porque tem o poder de expressar algo, mas limita-se à expressão.

Lugar de paciência • *Mateus 7:16*
"Pelos seus frutos vocês os conhecerão. Por acaso se colhem uvas de espinheiros ou figos de ervas daninhas?" Esse aviso é contra o excesso de zelo por parte dos caçadores de heresias. O nosso Senhor quer que esperemos o nosso tempo. Lucas 9:53-55 é um exemplo. Cuide de não permitir que

a suspeita humana pecaminosa tome o lugar do discernimento do Espírito. Somente o fruto é o teste. Jesus diz que, se você vir o fruto de uma vida aparecendo como ervas daninhas, saberá que a raiz errada está ali presente, porque não se colhem ervas daninhas de qualquer outra raiz senão a de ervas daninhas. Porém, lembre-se de que, no inverno, é bem possível confundir uma roseira com outra coisa se você não for especialista em julgar.

Portanto, há um lugar para a paciência, e o nosso Senhor quer que entendamos isso. Espere o fruto manifestar-se; não se deixe guiar por seus próprios caprichos. É fácil ficarmos alarmados, persuadindo-nos de que as nossas convicções particulares são os padrões de Cristo, condenando à perdição todos os que não concordam conosco. Sentimos que precisamos fazê-lo porque as nossas convicções tomaram o lugar de Deus em nós. A Bíblia nunca nos diz para andar na luz das nossas convicções, e sim na luz do Senhor.

Sempre distinga entre quem se opõe à sua maneira de apresentar o evangelho e quem se opõe ao próprio evangelho. Pode haver muitas pessoas que se oponham à sua maneira de apresentar a verdade, mas isso não significa necessariamente que elas se oponham a Deus torná-las santas. Dê espaço à paciência. Espere antes de emitir o seu veredicto. "Pelos seus frutos vocês os conhecerão." Se for dado tempo, o ensino errado produzirá os seus frutos, tanto quanto o ensino correto.

Princípio do desempenho • *Mateus 7:17-18*
"Assim, toda árvore boa produz frutos bons, porém a árvore má produz frutos maus. A árvore boa não pode produzir

frutos maus, e a árvore má não pode produzir frutos bons." Se dizemos que somos adequadamente relacionados com Deus, o mundo tem o perfeito direito de observar a nossa vida privada e ver se realmente o somos. Se dizemos que somos nascidos de novo, somos justamente colocados sob escrutínio. Se o desempenho da nossa vida deve ser continuamente santo, o princípio da nossa vida precisa ser santo. Isto é, para produzir bons frutos, devemos ter uma boa raiz.

É possível um avião imitar um pássaro, assim como é possível o comportamento de um ser humano imitar o fruto do Espírito. A diferença vital é a mesma em ambos: não há princípio de vida por trás deles. O avião não pode fazer tudo que um pássaro pode fazer; ele só pode voar como um avião. Se certas condições nos protegerem do olhar público, poderemos nos dar muito bem com a nossa imitação do Espírito. Porém, antes de podermos ter o verdadeiro desempenho em nossa vida, o princípio interior precisa estar correto: precisamos saber o que é nascer do alto, ser santificados e cheios do Espírito Santo. Então, nossa vida produzirá frutos.

O fruto é claramente exposto nas cartas do Novo Testamento e é bem diferente dos dons do Espírito ou da óbvia aprovação de Deus para a Sua própria Palavra. Ele é "o fruto do Espírito" (GÁLATAS 5:22-23). A frutificação é sempre mencionada como a manifestação de uma união íntima com Jesus Cristo (JOÃO 15:1-5).

Poder da publicidade • *Mateus 7:19-20*

"Toda árvore que não produz bom fruto é cortada e jogada no fogo. Assim, pois, pelos seus frutos vocês os conhecerão." Jesus Cristo estabelece o teste da publicidade. Ele viveu a Sua própria vida de maneira extremamente pública (JOÃO 18:20). O que enfurecia os inimigos do nosso Senhor era a maneira pública pela qual Ele fazia as coisas: os Seus milagres eram a manifestação pública do Seu poder.

Atualmente, as pessoas se irritam com o testemunho público. Porém, não adianta dizer: "Ó, eu tenho uma vida santa, mas não falo sobre ela"; certamente, você não a tem, porque as duas coisas andam juntas. Se algo tem sua raiz no coração de Deus, desejará ser público e expressar-se. Aquilo *precisa* realizar coisas no exterior e abertamente. Jesus não apenas incentivava essa publicidade: insistia nela.

Para o bem ou para o mal, as coisas precisam ser expostas. "Pois não há nada encoberto que não venha a ser revelado, nem oculto que não venha a ser conhecido" (MATEUS 10:26). É a lei de Deus que as pessoas não sejam capazes de ocultar o que elas realmente são. Se elas são Seus discípulos, isso será retratado publicamente.

Em Mateus 10, Jesus advertiu Seus discípulos acerca do que aconteceria quando eles testemunhassem publicamente, mas a Sua mensagem foi, basicamente: "Não esconda a sua luz sob um cesto por medo de homens lupinos. Cuide de não ir contra o seu dever e ter a sua alma e o seu corpo destruídos no inferno. Sejam sábios como as serpentes e inofensivos como as pombas".

O nosso Senhor adverte que quem não for visto como Seu discípulo acabará sendo visto como Seu inimigo. Tão certo quanto Deus está em Seu trono, o princípio inevitável precisa operar: a revelação do que realmente somos. Deus leva tudo para a luz do sol.

Ideias, ideais e realidade factual

O apóstolo Paulo faz um paralelo entre santificação e fornicação, significando que todo tipo de elevada emoção espiritual não operada em seu nível legítimo reagirá em um nível errado. O contato com elementos externos é necessário para a saúde no mundo natural, e o mesmo e aplica espiritualmente. O ar livre espiritual de Deus é a Bíblia.

A Bíblia é o universo dos fatos da revelação; se vivermos lá, nossas raízes serão saudáveis e nossas vidas, corretas. Não adianta dizer: "Certa vez eu tive uma experiência". A questão é: Onde ela está agora? Preste atenção à Fonte, e de você fluirão rios de água viva. É possível estarmos tão envolvidos com a experiência consciente na vida religiosa que nos tornamos totalmente inúteis.

Aparência e realidade (MATEUS 7:21-23)

O nosso Senhor toma como teste de bondade não apenas as boas intenções, mas também a execução ativa da vontade de Deus. Cuidado para não confundir a aparência com a realidade, com julgar apenas pela evidência externa.

Deus honra a Sua Palavra, independentemente de quem a prega. As pessoas a quem Jesus Cristo se refere no versículo 21 eram instrumentos; contudo, um instrumento não é um servo. Os servos são aqueles que renunciaram ao seu direito a si mesmos, entregando-o ao Deus a quem proclamam. Eles são testemunhas de Jesus, uma satisfação para Ele aonde quer que vão.

O batismo do Espírito Santo torna as pessoas a encarnação do que pregam, até a aparência e a realidade serem a mesma coisa. O teste do discipulado, como Jesus o apresenta neste capítulo, é frutífero em caráter piedoso, e o discípulo é advertido a não ser cegado pelo fato de que Deus honra a Sua Palavra até mesmo quando é pregada com motivação errada (VEJA FILIPENSES 1:15-18).

O Espírito Santo é quem unifica em nós a aparência e a realidade. Note que o Novo Testamento nunca nos pede para *crer* no Espírito Santo; ele nos pede para *recebê-lo*. Ele faz *em* nós o que Jesus fez *por* nós. A poderosa redenção de Deus se torna factual em nossa experiência pelo poder vivo do Espírito Santo. Ele unifica a aparência e a realidade. Ele *opera na* nossa salvação, e nós temos de *exercê-la* com temor e tremor para não nos esquecermos.

Graças a Deus, Ele nos dá a chance justa, o risco glorioso. Se não pudéssemos desobedecer a Deus, a nossa obediência não valeria coisa alguma. A heresia da perfeição sem pecado diz que, quando somos salvos, somos *incapazes* de pecar; essa é a mentira do diabo. Quando somos salvos pela graça de Deus, Ele coloca em nós a *possibilidade* de não pecar, e, a partir daquele momento, o nosso caráter é valioso para Deus. Antes de sermos salvos, não tínhamos o poder de obedecer, mas agora Ele plantou em nós, no terreno da redenção, a hereditariedade do Filho de Deus. Nós temos o poder de obedecer e, consequentemente, o poder de desobedecer.

A caminhada de um discípulo é gloriosamente difícil, mas gloriosamente certa. Com base na perfeita redenção de Jesus Cristo, descobrimos que agora podemos começar a andar dignamente, isto é, com equilíbrio. João Batista, "vendo Jesus *passar* [...] disse: — Eis o Cordeiro de Deus!"

(JOÃO 1:36). Este passar é o símbolo do caráter comum de uma pessoa — sem fingimento para manter, nem aparência. "Vejo que este que passa sempre por aqui é um santo homem de Deus" (2 REIS 4:9).

Reconhecimento dos homens • Mateus 7:21
"Nem todo o que me diz: 'Senhor, Senhor!' entrará no Reino dos Céus, mas aquele que faz a vontade de meu Pai, que está nos céus." A natureza humana gosta de rótulos, mas um rótulo pode ser a falsificação da confissão. É tão fácil ser marcado com rótulos; muito mais fácil, em certas fases da vida, usar uma fita ou um distintivo do que confessar. Jesus nunca usou a palavra *testificar*; Ele usou uma palavra muito mais profunda: *confessar*. "Todo aquele que me confessar diante dos outros..." (MATEUS 10:32). O teste da bondade é a confissão por fazer a vontade de Deus. Em essência, Jesus diz: "Se você não me confessar diante dos homens, o seu Pai celestial não confessará você".

Assim que confessamos, precisamos ter um distintivo; se não usarmos um, outros o farão por nós. O nosso Senhor está alertando que é possível usar a etiqueta sem ter a mercadoria; é possível as pessoas usarem o distintivo de Seus discípulos quando não o são. Rótulos não são maus, mas, se confundimos o rótulo com a mercadoria, acabamos confundidos.

Se nós, como discípulos, devemos discernir entre a pessoa com o rótulo e a pessoa com a mercadoria, precisamos ter o espírito de discernimento — o Espírito Santo. Começamos com a crença honesta de que o rótulo e os produtos precisam andar juntos. Certamente deveriam, mas Jesus adverte que, às vezes, eles estão separados. E ainda encontraremos casos em que Deus honra a Sua Palavra, embora aqueles que a pregam não estejam vivendo uma vida correta. Ele diz: ao julgar o pregador, julgue-o pelo seu fruto.

Traficantes de remédio • *Mateus 7:22*
"Muitos, naquele dia, vão me dizer: 'Senhor, Senhor, nós não profetizamos em seu nome? E em seu nome não expulsamos demônios? E em seu nome não fizemos muitos milagres?'" Se somos capazes de expulsar demônios e fazer maravilhas, com certeza somos servos de Deus, certo? De modo algum, diz Jesus; a nossa vida precisa apresentar evidências em todos os detalhes.

Em Mateus 7:22, o nosso Senhor adverte contra quem utiliza as Suas palavras e os Seus caminhos para remediar os males da humanidade, ao mesmo tempo em que são desleais ao próprio Jesus. "Não profetizamos em seu nome [...] não expulsamos demônios [...] não fizemos muitos milagres?" — perceba que não há uma única palavra de confissão de Jesus Cristo. Eles o pregaram como um remédio.

Em Lucas 10:20, o nosso Senhor disse aos discípulos que não se alegrassem porque os demônios se sujeitavam a eles. Os discípulos deveriam se alegrar por estarem corretamente relacionados com o próprio Jesus. Nós sempre somos levados de volta a esse ponto: um relacionamento imaculado com Jesus Cristo em todo detalhe, privado e público.

Medidas retributivas • *Mateus 7:23*
"Então lhes direi claramente: 'Eu nunca conheci vocês. Afastem-se de mim, vocês que praticam o mal.'" Nessas

palavras solenes, Jesus diz que terá de dizer a alguns expositores da Bíblia, alguns estudantes de profecia, alguns operadores de milagres: "Afastem-se de mim, vocês que praticam o mal". Essas pessoas distorceram os caminhos de Deus e os tornaram tortuosos. Jesus diz: "Eu nunca conheci vocês", significando: "Vocês nunca tiveram o Meu Espírito; vocês falaram a verdade e Deus a honrou, mas vocês nunca foram *da* verdade". E, em seguida, as palavras mais terrivelmente isoladoras e condenatórias que poderiam ser ditas a uma alma humana: "Afastem-se de mim".

Somente quando confiamos no Espírito Santo e o reconhecemos, discernimos como opera essa advertência do nosso Senhor. Ficamos perplexos porque alguns pregam a coisa certa e Deus abençoa a pregação, contudo o tempo todo o Espírito adverte: *Não, não, não*. Nunca confie no melhor homem ou na melhor mulher que você já conheceu; confie somente no Senhor Jesus. "Não se apoie no seu próprio entendimento" (PROVÉRBIOS 3:5). "Não confiem em príncipes" (SALMO 146:3). Não confie em alguém que não seja Jesus Cristo.

Essa advertência é válida o tempo todo. Se tomada como um guia, todo caráter se afastará de Deus. Nunca nos é dito para seguir todos os passos dos santos, e sim apenas na medida em que eles obedeceram a Deus: "... [Timóteo] fará com que vocês se lembrem dos meus caminhos em Cristo Jesus..." (1 CORÍNTIOS 4:17).

Mantenha-se em retidão para com Deus; mantenha-se na luz. Todas as nossas ansiedades — morais, intelectuais e espirituais — surgem nessa linha. Sempre que tiramos os olhos de Jesus Cristo, ficamos surpresos: "Há outro caído!

Eu pensava que ele fosse permanecer em retidão". Jesus diz: "*Olhe para mim*".

Os dois construtores (MATEUS 7:24-29)

Nesses versículos, o nosso Senhor enfatiza o *ouvir* e o *fazer*. Ele nos deu a Sua inclinação e exige que vivamos como Seus discípulos. Ora, como faremos isso? "Ouvindo as Minhas palavras e praticando-as", diz Ele.

Nós ouvimos somente aquilo em que prestamos atenção. Prestamos atenção ao que Jesus tem a dizer? Prestamos atenção para descobrir o que Ele disse? A maioria de nós não sabe o que Ele disse. Se temos apenas um pouco de religião, falamos muito sobre o diabo; porém, o que nos atrapalha espiritualmente não é tanto o diabo, e sim a desatenção. Podemos *ouvir* as palavras de Jesus Cristo, mas a nossa vontade permanece intocada, então nunca as *praticamos*. A compreensão da Bíblia vem somente da habitação do Espírito Santo tornando o universo da Bíblia real para nós.

Castelos espirituais • Mateus 7:24
Nós falamos em construir castelos no ar. É lá que um castelo deveria estar; quem já ouviu falar de um castelo subterrâneo? O problema é como colocar os alicerces sob o seu "castelo no ar" para que ele possa ficar sobre a Terra.

A maneira de colocar os alicerces sob o nosso castelo é prestar atenção às palavras de Jesus Cristo. Podemos ler e ouvir e não dar muito valor no momento, mas, dentro de pouco tempo, nos veremos em circunstâncias nas quais o Espírito Santo nos recordará o que Jesus disse. Então, nós obedeceremos?

Jesus diz que a maneira de colocar alicerces sob castelos espirituais é ouvindo e praticando "estas [Suas] palavras". Preste atenção às Suas palavras e dedique tempo a praticá--las. Tente cinco minutos por dia com a sua Bíblia. O que mais nos influencia não é aquilo a que dedicamos mais tempo, e sim o que brota do nosso próprio relacionamento pessoal. Essa é a motivação primordial que nos domina.

"Vocês me chamam de Mestre e de Senhor e fazem bem, porque eu o sou" (JOÃO 13:13). Porém, Ele o é? Pense na maneira como nos esquivamos do que Ele diz! "Porque eu lhes dei o exemplo, para que, como eu fiz, vocês façam também" (JOÃO 13:15). Nós dizemos que está tudo muito bem até certo ponto e, então, desertamos. Se obedecermos às palavras de Jesus Cristo, com certeza seremos chamados de fanáticos. Esteja preparado: o Novo Testamento associa a vergonha ao evangelho (VEJA ROMANOS 1:16; 1 PEDRO 4:12-13).

Crise grave • *Mateus 7:25*

Os nossos castelos espirituais precisam ser visíveis, e o teste de um edifício não é sua beleza, mas os seus alicerces. Belas estruturas espirituais são erguidas na forma de livros e vidas, repletas das melhores palavras e atividades, porém, quando vem o teste, elas desmoronam. Elas foram construídas no ar sem alicerces, não nas palavras de Jesus Cristo.

Jesus parece dizer: "Edifique o seu caráter, pouco a pouco, prestando atenção às Minhas palavras". Então, quando a crise suprema chegar, você ficará firme como uma rocha. Pode ser que a crise não venha, mas, se vier, surgirá em cerca de dois segundos. Não há possibilidade de fingimento; você é desenterrado imediatamente.

Se nos edificamos em particular atentando às palavras de Jesus e praticando-as, quando a crise chegar, não será a nossa própria força de vontade o que nos manterá, senão o tremendo poder de Deus; nós "[somos] guardados pelo poder de Deus..." (1 PEDRO 1:5). Continue edificando-se na Palavra de Deus quando ninguém estiver olhando e, quando a crise chegar, você descobrirá que ficará firme como uma rocha. Porém, se você não tem se edificado na Palavra de Deus, cairá, por maior que seja a sua força de vontade.

Tudo que você construir terminará em desastre se não for edificado sobre as palavras de Jesus Cristo. No entanto, se você está fazendo o que Jesus lhe disse para fazer, nutrindo a sua alma com a Sua Palavra, não precisa temer a crise, seja ela qual for.

Suprema catástrofe • *Mateus 7:26-27*
Todo castelo espiritual será testado por uma tempestade tripla: chuva, inundações e ventos. Podemos entender essas coisas como sendo o mundo, a carne e o diabo, e os nossos castelos só permanecerão se estiverem consolidados nas palavras de Jesus.

Toda estrutura espiritual construída *com* as palavras de Jesus — em vez de alicerçada *sobre* elas — é chamada por Jesus de construção de um tolo. Em todos nós, há uma tendência de apreciar as palavras de Jesus Cristo com o nosso intelecto, enquanto nos recusamos a *praticá-las*. Se for esse o caso, tudo que construirmos será descartado quando o teste chegar.

O apóstolo Paulo aplica isso em 1 Coríntios 3:12-13: "E, se o que alguém edifica sobre o fundamento é ouro, prata, pedras preciosas, madeira, feno ou palha, a obra de cada um se tornará manifesta, pois o Dia a demonstrará. Porque será revelada pelo fogo, e o fogo provará qual é a obra de cada um". Tudo tem de ser testado pelo teste supremo.

Tudo que construirmos será testado supremamente e desmoronará em um terrível desastre se não for edificado sobre as palavras de Jesus Cristo. É fácil construir *com* as palavras de Jesus, juntar textos da Escritura e transformá-los em qualquer tipo de estrutura. Porém, Jesus põe o discípulo à prova: "Você ouve as Minhas palavras e as cita, mas você as *pratica* em seu ofício, em sua vida doméstica, em sua vida particular?".

Perceba a repulsa que você sente em relação a quem tenta construir com as palavras de Jesus. O nosso Senhor não permite que alguns compartimentos sejam sagrados e outros sejam profanos. Tudo precisa ser construído radicalmente sobre o alicerce.

Concentração Bíblica • *Mateus 7:28-29*

Este epílogo é uma nota descritiva emanada do Espírito Santo, descrevendo como as pessoas que ouviram Jesus Cristo ficaram impressionadas com a Sua doutrina. Sua aplicação para nós não é "O que Jesus faria?", e sim "O que Jesus disse?". Ao nos concentrarmos no que Ele disse, podemos apostar a nossa alma imortal nas Suas palavras. Não se trata de consagração sentimental, mas de concentração bíblica.

Quando Jesus trouxer algo por Sua Palavra, não se esquive. Por exemplo: se você se lembrar de algo que seu irmão tem contra você (MATEUS 5:23-24), alguma dívida ou alguma outra coisa urgente, se você se esquivar desse ponto, você se torna uma fraude religiosa. A voz do Espírito Santo é suave como uma brisa, o mais leve sussurro; quando você a ouve, diz: "Mas isso é apenas um pequeno detalhe, o Espírito Santo não pode estar querendo dizer isso; é trivial demais"? O Espírito Santo *quer* dizer aquilo e, apesar do risco de ser considerado fanático, você deve obedecer.

Quando estivermos começando a andar no caminho certo com Deus, descobriremos que o espírito de autojustificativa será desenterrado. Tentar cumprir o que Jesus diz o levará à luz. Porém, que importa o que alguém pensa de nós, desde que Jesus Cristo pense que estamos fazendo a coisa certa? Que importará algo desta vida, desde que possamos ouvi-lo dizer "Muito bem, servo bom e fiel" (MATEUS 25:21)?